新时代马克思主义理论与实践研究丛书

内蒙古高校思想政治理论课适应性改革研究

苏双平　李玉璞　等　编著

天　津

图书在版编目(CIP)数据

内蒙古高校思想政治理论课适应性改革研究 / 苏双平等编著. -- 天津：南开大学出版社，2025.5.
(新时代马克思主义理论与实践研究丛书). -- ISBN 978-7-310-06725-1

Ⅰ．G641

中国国家版本馆 CIP 数据核字第 2025CK2668 号

版权所有　侵权必究

内蒙古高校思想政治理论课适应性改革研究
NEIMENGGU GAOXIAO SIXIANG ZHENGZHI
LILUN KE SHIYINGXING GAIGE YANJIU

南开大学出版社出版发行
出版人：王　康
地址：天津市南开区卫津路 94 号　　邮政编码：300071
营销部电话：(022)23508339　营销部传真：(022)23508542
https://nkup.nankai.edu.cn

河北文曲印刷有限公司印刷　全国各地新华书店经销
2025 年 5 月第 1 版　2025 年 5 月第 1 次印刷
230×155 毫米　16 开本　13.75 印张　2 插页　198 千字
定价：72.00 元

如遇图书印装质量问题，请与本社营销部联系调换，电话：(022)23508339

本书为内蒙古自治区高等学校哲学社会科学重大专项项目"内蒙古高校思政课改革的适应性维度及优化路径"（项目编号：NMZSZD202211）的研究成果，同时也得到内蒙古农业大学社会主义意识形态研究基地和铸牢中华民族共同体意识研究基地的项目支持。

目 录

第一编 导 论

第一章 选题的背景与意义 ……………………………………… 3
 第一节 研究背景 …………………………………………… 3
 第二节 研究意义 …………………………………………… 4
第二章 研究综述 ………………………………………………… 7
 第一节 关于高校思政课改革视角的研究 ………………… 7
 第二节 关于高校思政课教学话语体系改革研究 ………… 8
 第三节 关于高校思政课适应性改革研究 ………………… 10
第三章 研究方法 ………………………………………………… 14
 第一节 文献研究法 ………………………………………… 14
 第二节 问卷调查法 ………………………………………… 14
 第三节 层次分析法 ………………………………………… 15
 第四节 CRITIC 法 …………………………………………… 15
 第五节 模糊综合评价法 …………………………………… 16
第四章 研究思路与研究内容 …………………………………… 18
 第一节 研究思路 …………………………………………… 18
 第二节 研究内容 …………………………………………… 27
第五章 研究创新之处 …………………………………………… 31
 第一节 研究区域的创新 …………………………………… 31
 第二节 研究思路的创新 …………………………………… 31
 第三节 研究方法的创新 …………………………………… 32

第二编　高校思政课适应性改革的内涵及要求

第一章　思政课的适应性内涵及其重要意义 …………………… 35
　　第一节　适应与社会适应 …………………………………… 35
　　第二节　思政课的适应性内涵 ……………………………… 36
　　第三节　思政课适应性改革的重要意义 …………………… 36
第二章　马克思主义理论品格的必然要求 ……………………… 38
　　第一节　坚持问题导向，积极回答中国之问、时代之问、
　　　　　　学生之问 …………………………………………… 38
　　第二节　坚持与时俱进，必然要求因事而化、因时而进、
　　　　　　因势而新 …………………………………………… 41
第三章　思政课改革创新的内在要求 …………………………… 44
　　第一节　因时而进，适应时代新要求 ……………………… 44
　　第二节　因人而异，适应学生新特点 ……………………… 49

第三编　内蒙古高校思政课改革适应性维度评估指标体系的构建

第一章　内蒙古高校思政课改革适应性维度评估指标体系的
　　　　构建原则与依据 ………………………………………… 57
　　第一节　指标体系构建的意义 ……………………………… 57
　　第二节　指标体系构建的原则 ……………………………… 61
　　第三节　指标体系选取的理论依据 ………………………… 65
第二章　内蒙古高校思政课改革适应性维度评估指标体系的
　　　　设计思路 ………………………………………………… 70
　　第一节　构建指标体系的具体思路 ………………………… 70
　　第二节　初步选取指标及赋权 ……………………………… 71
第三章　内蒙古高校思政课改革适应性维度评估指标体系的
　　　　筛选 ……………………………………………………… 75
　　第一节　问卷预调研及信效度检验 ………………………… 75
　　第二节　评估指标体系的筛选 ……………………………… 76

第四章　内蒙古高校思政课改革适应性维度评估指标体系
　　　　权重的确定 ………………………………………………… 79
　　第一节　指标主观权重计算——层次分析法（AHP法）…… 79
　　第二节　指标客观权重计算——CRITIC法 ………………… 90
　　第三节　指标综合权重计算——拉格朗日乘子法 …………… 95
　　第四节　指标综合权重分析 …………………………………… 96

第四编　内蒙古高校思政课改革"教育教学动因适应"评估指标体系的应用

第一章　内蒙古高校思政课改革"教育教学动因适应"
　　　　评估指标等级评判 …………………………………… 106
第二章　内蒙古高校思政课改革"教育教学动因适应"中
　　　　存在的问题 …………………………………………… 110
　　第一节　育人目标落实相对欠缺 …………………………… 110
　　第二节　评价目标设定不够科学 …………………………… 111
　　第三节　教学目标贯通与衔接性不强 ……………………… 112
第三章　内蒙古高校思政课改革"教育教学动因适应"中的
　　　　制约因素分析 ………………………………………… 113
　　第一节　制约育人目标落实的因素 ………………………… 113
　　第二节　制约评价目标科学设定的因素 …………………… 113
　　第三节　制约教学目标贯通衔接的因素 …………………… 114
第四章　推动内蒙古高校思政课改革"教育教学动因适应"的
　　　　优化路径 ……………………………………………… 115
　　第一节　强化"立德树人"理念引领 ……………………… 115
　　第二节　推动教学目标与教学范式相契合 ………………… 118
　　第三节　健全"以学生为中心"的教学评价体系 ………… 120
　　第四节　以系统思维统筹课程目标体系 …………………… 123
　　第五节　加强高校协同育人建设 …………………………… 125

第五编　内蒙古高校思政课改革"教育教学内容适应"评估指标体系的应用

第一章　内蒙古高校思政课改革"教育教学内容适应"
　　　　评估指标等级评判……………………………………131
第二章　内蒙古高校思政课改革"教育教学内容适应"中
　　　　存在的问题……………………………………………133
　第一节　"马克思主义及其中国化理论成果"教学的
　　　　　思想引领力有待加强………………………………133
　第二节　"习近平新时代中国特色社会主义思想"融入课堂
　　　　　效果欠佳……………………………………………134
　第三节　"习近平新时代中国特色社会主义思想"实践教学
　　　　　不足…………………………………………………137
第三章　内蒙古高校思政课改革"教育教学内容适应"中的
　　　　制约因素分析…………………………………………139
　第一节　影响教学内容思想引领力强化的因素……………139
　第二节　影响党的创新理论有效融入课堂教学的因素……140
　第三节　影响党的创新理论实践教学开展的因素…………141
第四章　推动内蒙古高校思政课改革"教育教学内容适应"的
　　　　优化路径………………………………………………143
　第一节　推动马克思主义信仰教育融入高校思政课教学…143
　第二节　推进习近平文化思想融入高校思政课教学………146
　第三节　推进习近平法治思想融入高校思政课教学………150
　第四节　推进习近平生态文明思想融入高校思政课教学…152

第六编　内蒙古高校思政课改革"教育教学实施主体适应"评估指标体系的应用

第一章　内蒙古高校思政课改革"教育教学实施主体适应"
　　　　评估指标等级评判……………………………………157

第二章　内蒙古高校思政课改革"教育教学实施主体适应"中
　　　　存在的问题···159
　　第一节　部分思政课教师数字素养有待提升·······················159
　　第二节　部分思政课教师缺乏专业理论素养和学术功底······161
　　第三节　部分思政课教师教学感染力欠佳····························162
第三章　内蒙古高校思政课改革"教育教学实施主体适应"中的
　　　　制约因素分析···164
　　第一节　制约部分思政课教师数字素养提升的因素··············164
　　第二节　制约部分思政课教师专业理论素养提升的因素·······165
　　第三节　制约部分思政课教师教学感染力提升的因素··········167
第四章　推动内蒙古高校思政课改革"教育教学实施主体适应"的
　　　　优化路径···169
　　第一节　提升高校思政课教师数字素养································169
　　第二节　健全高校思政课教师成长发展机制························171
　　第三节　加强高校思政课教师教学研究································172
　　第四节　建立高校思政课教师保障激励机制························174

第七编　内蒙古高校思政课改革"教育教学方式方法适应"
　　　评估指标体系的应用

第一章　内蒙古高校思政课改革"教育教学方式方法适应"
　　　　评估指标等级评判··179
第二章　内蒙古高校思政课改革"教育教学方式方法适应"中
　　　　存在的问题···181
　　第一节　思政课理论讲授透彻性欠佳····································181
　　第二节　案例教学方法在思政课教学中效果不足··················182
　　第三节　数字技术与思政课深度融合有待加强······················183
第三章　内蒙古高校思政课改革"教育教学方式方法适应"中的
　　　　制约因素分析···185
　　第一节　思政课理论讲授透彻性欠佳的原因··························185

第二节　案例教学方法在思政课教学中效果不足的原因 …… 186
  第三节　制约数字技术与思政课深度融合的因素 …………… 187
第四章　推动内蒙古高校思政课改革"教育教学方式方法适应"的
　　　　优化路径 ………………………………………………… 189
  第一节　讲深刻讲深入马克思主义道理 ……………………… 189
  第二节　讲透彻讲明白马克思主义道理 ……………………… 193
  第三节　讲鲜活讲生动马克思主义道理 ……………………… 196
  第四节　数字赋能"大思政课"建设 ………………………… 198

参考文献 …………………………………………………………… 203
后记 ………………………………………………………………… 209

第一编

导论

第一章 选题的背景与意义

第一节 研究背景

高校思想政治理论课是思想政治教育工作的关键载体和主要阵地,关乎立德树人根本任务的有效落实,关乎"培养什么人、怎样培养人、为谁培养人"这一问题的有力回应。当今中国面对世界百年未有之大变局,国内外意识形态领域斗争形势异常复杂,对高校思政课建设提出了新要求、新挑战。只有重视高校思政课适应性问题,不断深化高校思政课改革创新,才能真正实现思政课政治引领和价值引领的功能。近年来,在党中央的大力推动下,思政课建设取得明显成效。党对思政课建设的全面领导不断强化,顶层设计、政策体系日臻完善,全社会通力办好思政课的工作格局基本形成;高校马克思主义学院规模和质量不断壮大,马克思主义理论学科学位点数量快速增加;习近平新时代中国特色社会主义思想进教材进课堂进头脑工作向纵深展开,专业课与思政课同向同行、同频共振,思政育人的合力日益明显;信息化建设得到加强,各地各校的教师队伍逐步配齐建强。同时也要看到,当前思政课教育教学现状同高质量发展要求还有一定的差距。存在管理方式"不适应"人才培养要求、教学内容供给不适应学生需求、既有思政话语体系不够适应国内外形势变化等问题。因此,深入探究高校思政课何以增强适应性,具有理论意义和现实价值。

2022年4月25日,习近平总书记在中国人民大学考察时指出:"思想政治理论课能否在立德树人中发挥应有作用,关键看重视不重视、适应不适应、做得好不好。"①"适应不适应"是习近平总书记提出的思政课能否在立德树人中发挥应有作用的三大命题之一，既关系高校能否完成自身肩负的"五大使命"与立德树人重要任务，又关乎其能否适应国内外形势变化、社会关系变革以及大学生个体发展需求。事实上，适应性改革旨在强化思政课作为"为党育人、为国育才"的关键课程在实施主体、教学动因、教学内容及方式方法上的适应性，促使思政课与党和国家事业发展、社会主义意识形态建设需要相适宜，与教师崇德启智润心的施教目标相适切，与马克思主义理论、习近平新时代中国特色社会主义思想相适合，与学生成长成才、学思践悟力行的受教需求相适应。本书结合内蒙古高校适应性改革的现实状况，对内蒙古高校思政课适应性改革进行过程性评估，深入剖析当前思政课适应性改革面临的问题及其根源所在，以此提出内蒙古高校思政课增强适应性的可行路径，为增强新时代新征程思想政治理论课适应性，推进新时代内蒙古高校思政课改革创新和高质量发展提供理论依据。

第二节　研究意义

（一）理论意义

第一，有助于丰富马克思主义思想政治教育理论。马克思主义是我们立党立国的根本指导思想。高校思想政治理论课是以马克思主义以及中国化时代化的马克思主义为主要内容的课程体系，关乎国家意识形态安全，关乎社会主义建设以及合格接班人的培养。一直以来，党和国家都高度重视思想政治理论课的改革创新，大力支持高校推进思想政治理论课改革。尤其是党的十八大以来，以习近平同志为核心的党中央围绕"培养什么人、怎样培养人、为谁培养人"这一问题，出台一系列重大举措，将高校思想政治理论课改革推向新时代。本研究在适应性视角下，结合熵值法、CRITIC法、模糊综合评价法，探索

---

① 新华社：《习近平在中国人民大学考察时强调：坚持党的领导传承红色基因扎根中国大地 走出一条建设中国特色世界一流大学新路》，《人民日报》2022年4月26日。

内蒙古高校思政课改革的成效、现实困境及其根源所在，拓宽了新时代内蒙古高校思想政治教育的研究视野，拓展了思想政治教育教学的研究内容。

第二，有助于丰富内蒙古高校思政课改革理论体系。本研究根据"内蒙古高校思想政治理论课适应性改革"调研数据，构建"内蒙古高校思政课适应性改革"评估指标体系，力图发现问题，解决问题。全过程、多角度、全方位分析思政课适应性何以增强，从动因适应、内容适应、教学主体适应、教学方法适应四方面精准寻找问题，探究背后根源。同时，在具体问题具体分析之后形成的关于思政课适应性改革的优化路径，旨在为内蒙古高校思政课教学实践提供指导。由此，本研究通过提出思政课适应性改革较为完整的研究设想，从指标体系、动因适应、内容适应、主体适应、方式方法适应四方面予以剖析，对思政课改革相关研究能够起到一定的参考与借鉴作用。

（二）现实意义

第一，对推进内蒙古高校思政课改革具有积极意义。目前，内蒙古各高校高度重视思政课改革进程，依据党中央决策部署各高校从思政课体制建设、思政课组织建设、思政课协调机制建设上下大功夫，为思政课改革创新奠定基础。随着各高校对思政课改革创新的重视力度加大，思政课改革成果丰富，效果明显，主要表现为教学科研热情高涨，论文著作丰富，思政课教师的认同感和幸福感增强，思政课受学生欢迎度提高等几方面。本研究立足于内蒙古地区高校，从思政课适应性改革的角度出发剖析内蒙古高校思政课改革建设的桎梏，为内蒙古高校思政课改革高质量发展提供全新视角，有助于从整体层面提升内蒙古高校思想政治教育理论水平，进而推动内蒙古高校思政课改革。

第二，对进一步提高内蒙古高校思想政治理论课教育教学具有积极作用。本研究深入探究内蒙古高校思政课适应性改革问题，从思政课适应性改革的视角，探究内蒙古各类高校思政课适应性改革中存在的现实问题、制约因素及可行路径，目前所整理出的问题主要分为四类：动因适应问题、内容适应问题、主体适应问题、方式方法适应问题。本研究对内蒙古高校的调查研究，涉及面广，包括综合性院校、农林类高校、财经类高校、师范类高校、医学类高校、民族类高校、职业院校等，对各类院校分管相关工作领导、授课教师、学生都进行了问卷调查、深度访谈以及参与式观察，通过搜集政策文本、倾听一线教师与管理人员对思政课改革的理解和思考，尽可能凝练思政课适应性改革的核心内容。目的是使内蒙古高校更好发挥思政课"立德树人"的关键作用，让思政课能够上得好，广大学子能够学得好。本研究通过对目前内蒙古高校思政课改革探索与实践进行阶段性总结，意在彰显内蒙古高校在推进思政课改革中的自觉性与主体性，对提升内蒙古高校思政课高质量发展具有指导意义。

第二章　研究综述

进入新时代，党和国家高度重视思政课建设，思政课建设已经摆在了"立德树人"关键课程的重要位置上。新时代思政课怎样完成立德树人任务，怎样用马克思主义理论引导、引领学生成长成才，是广大思政课教师以及专家学者共同讨论以及致力于解决的重大课题。截至目前（2024 年 10 月）检索到关于"高校思政课改革"相关学术论文 4142 篇，学位论文 143 篇，主要涉及高校思政课改革视角、高校思政课话语体系改革和高校思政课适应性改革三方面研究。

第一节　关于高校思政课改革视角的研究

思政课改革涉及方方面面，首先是从宏观角度上对思政课改革进行条理、角度的分析，以此为基础纵深开拓思政课改革的方向性问题。徐建飞、王莹（2021）在新时代高校思政课供给侧结构性改革层面分析思政课改革质量问题。针对新形势、新矛盾对思政课进行结构性调整，提出要确立以学生为本的供给理念，强化供给思维，遵循思政课供给规律和学生成长规律，做到知识供给和实践养成相结合。①邓验、贺茶湘（2023）强调高校思政课改革需要完善高校思政课有效教学，有效教学则必须激活教育教学主体和"两翼"驱动力量。首先注重发挥教师要素能动作用，教师以其能动的主动性、主导性激发学生要素自主成长能力，使学生由被动转为主动，形成双向输入。其次优化教学过程要素功能发挥，以教学要素贯穿教学过程，连接教师与学生的教学主体与教育主体两方面，为实现思政课教学基本要素的有效运行

---

① 徐建飞、王莹：《新时代高校思政课供给侧结构性改革：意涵、问题与路径》，《广西社会科学》2021 年第 2 期。

构建一个融合互动、统筹高效的良性生态系统。[①]梅荣政（2024）指出，从思政课守正创新的角度出发看思政课改革，思政课应该以守正创新的方式推进其内涵式发展，要坚持问题导向和目标导向相结合，紧抓主要矛盾、矛盾的主要方面。坚持守正和创新相统一的原则是思政课改革进程中的核心要点，能够保证思政课改革创新的时效性、实践性。[②]孙绍勇、陈彤（2025）认为，新时代推进高校思政课改革需要坚持系统思维，发挥高校思政课立德树人的主渠道、主阵地作用，基于系统科学的方法论进行整体布局、规划统筹，立足系统的整体性、协同性，多点发力、综合施策，从整体上促进高校思政课改革要素之间的联结互动。[③]

基于以上观点，思政课改革的视角分析，从思政课改革的顶层设计出发，引发后续的、纵向的研究。思政课改革的守正创新，表明思政课改革的底线思维，思政课改革不能偏离"立德树人"的基本路线，改革实践措施方法都应回头印证这一基本目标。从整个思政教学过程出发，涉及教学主体教师、教育主体学生、优化教学过程要素，将三者整合一体，以一体化思维推进思政课改革，激发教师引导主体作用，唤醒学生主动能动作用，构成良性循环。从思政课系统思维出发，以系统思维科学布局规划，使各主体各部门协调运转，各要素联结互动。总之，思政课改革要清楚为何而改，改革内容方式方法均要引导学生成人成才，抓住学生成长成才的桎梏，寻求突破，因时而变、因势而变，而非为改而改、为新而改。

第二节　关于高校思政课教学话语体系改革研究

徐家林（2008）提出突破思政课教学话语困境的前提是实现话语

[①] 邓验、贺茶湘：《高校思政课有效教学：要素构成、问题剖析与完善路径》，《大学教育科学》2023年第6期。

[②] 梅荣政：《对守正创新推动高校思政课建设内涵式发展的领悟》，《思想理论教育导刊》2024年第7期。

[③] 孙绍勇、陈彤：《新时代推进高校思政课课程改革的系统思维探赜》，《系统科学学报》2025年第1期。该论文在网络首次发表时间为2024年5月20日。

的转换，从"理论重译"、专题教学、教材专题化等实现由教材话语向教学话语的转换，突破教学话语困境，提高理论教学时效。①邵路才、才晓茹（2019）认为在现代语言发展背景下高校思政课要适应新形势，通过转换话语形态，回归生活话语世界，创建沟通式话语方式，尊重学生话语权，铺设师生契合的话语语境等路径，探索教学话语体系的创新，提高学生思想道德素质与政治理论水平。②赵曜、施晖（2020）则从高校思政课教学话语体系创新出发，立足立德树人的根本任务，把提升思政课教师的专业素养，增强教师从教学内容向课堂话语的转译能力作为关键，将主体间性教育理论引入教学过程。③谭绍江（2022）从思政课教学话语的艺术性构建方面进行论述，认为思政课教师可从作品构建、叙事构建与情境构建三个维度展开相应探索，对于思政课教学话语的作品构建，把握从抽象到具体、从一般到个别的辩证思维方法，熟练掌握塑造感性形象的艺术技巧，还要通过"二度创作"促进教材语言向教学语言的转化。④刘惠玲（2023）认为创新思政课教学的话语表达，必须在教学理念、视角、内容与方法等方面作出改变，即从"教书"转向"育人"，从"我者"转向"他者"，从"文本"转向"生活"，从"抽象"转向"形象"，以培养能够担当民族复兴大任的时代新人。⑤

　　从上述观点可以看出思政课教材话语向教学话语转换的必要性以及在思政课改革过程中的突出作用。思政课教材内容呈现的是内涵深刻的真理，具有客观实在性，教师对教材的重述如缺乏感性的表达，理论无法活起来，学生听不进去就无法感受到真理的力量，教材话语向教学话语的转换一字之差，变的是引领，变的是价值导向。转换话语形态同样是思政课话语体系改革的视角之一。思政课是塑造人的课程，是精神对话的内容，思政课教学话语向生活话语形态的转换，能

---

① 徐家林：《突破高校"思政课"理论教学话语困境的路径选择》，《辽宁教育研究》2008年第10期。
② 邵路才、才晓茹：《论新时代高职院校思政课教学话语创新》，《教育与职业》2019年第24期。
③ 赵曜、施晖：《试论高校思政课教学话语体系创新》，《学校党建与思想教育》2020年第24期。
④ 谭绍江：《论思政教学话语的艺术性构建》，《湖北社会科学》2022年第7期。
⑤ 刘惠玲：《新时代思政课教学话语表达创新》，《中学政治教学参考》2023年第23期。

够让学生在思政课程中不再有陌生感，更加有生活气，让学生真正认同思政课是平常生活中的一种形态。思政课话语形态是思政课教师对思政课理论的另一种展现，这也就要求了思政课教师对理论的精准把握，只有思政课教师本身的专业素养过硬，能够深入、灵活地展现出理论，才能够使思政课话语转变更多形态，呈现出艺术性，以精准的理论把握、灵活的话语体系进行思想政治教育，提升思政质量，推动思政课话语体系改革、创新。

第三节　关于高校思政课适应性改革研究

提升高校思政课的适应性，是关乎其育人成效的关键所在，也是学界研究与实践探索的重要着力点。专家学者围绕思政课适应性问题展开激烈讨论，主要提出教学动因适应性、教学内容适应性、教学主体适应性、教学方法适应性四方面核心内容。

首先，从教学动因适应性方面。杨湘洪（2013）认为高校的培养目标决定了育人必须德为先，而思政课是对大学生进行思想品德教育的主渠道。教育目标的实现必然要通过一定的教学模式来实现，构建以大学生为主体，培养和提高大学生核心能力为目标，以问题为导向的研究性学习方法和以活动导向为主要手段的实践性学习的思政课教学新模式，能够为高校的育人目标服务。[①]武星亮（2017）认为在提高思政课质量和水平上，须着力增强教师的目标意识和能力，明确使用教学目标的概念强化追求教学目标的意识，提高把握教学目标的能力。强化思政课教学目标意识强化思政课教师对课程性质的认识和把握。[②]王恒富、王超（2021）认为思政课教学需要站在高处，让目标设计凸显价值引领；要想在深处，以目标设计驱动价值引领；要落在实处，让目标设计切合价值引领。同时，在思政课教师层面，努力引导

[①] 杨湘洪：《构建以学生为主体、培养和提高核心能力为目标的思政课教学新模式》，《教育与职业》2013 年第 18 期。

[②] 武星亮：《提高思政课质量和水平须着力增强教师的目标意识和能力》，《思想理论教育导刊》2017 年第 9 期。

学生把自身的价值理想和社会价值需求结合起来。①

　　以上观点展示出，在思政课改革动因适应方面强化教师目标意识与目标能力是适应性中的重点，教师对于教学目标的强化，有助于教学实践的实施。教学目标是教学活动的起点和终点。教学活动是确立教学目标、追求教学目标、达到教学目标的一个文化过程。教学目标是为了什么同时是动因适应的另一方面，育人育才实际上最高标准是"立德树人"是育德，将动因适应推进，德放在第一方面，是第一性目标，是首要层面。动因适应目标设计是"动"的前提，目标设计需要从顶层设计的高度出发围绕价值引领，切合价值引领。

　　其次，从教学内容适应性方面。丁晓东、子华明（2020）从课程体系、教学体系、课堂教学三方面展开讨论，在课程体系上，他们认为"形势与政策"特定的"核心课程"地位需确立，需要通过该门课程支点作用的发挥而得到加强；在教学体系上，处在基础地位的实践教学急需落实需要转变视角，整合、利用丰富的实践教学资源，实施"大实践教学"，充分展现实践教学的基点价值；在课堂教学上，学生的主体地位尚未巩固，需要紧扣思政课的特殊使命，以大学生为关注点，通过"专业思政"与教师的人格影响履行高校思政课教师的立德树人职责。②李寒梅（2021）认为思政课教学需要遵循教育内化的心理机制，推动教学内容的生活化转向，在提高教学方式的实效性、提高教学评价的实效性、增强教学评价的规范性、充分发挥教师自身的感召力等方面，以教学机制的转变构建，将教育内容内化，使思政内容坐实、落地。③梁英、韦元桃（2023）认为，思政课教学内容的推进改革，应通过构建整合机制、衔接机制和更新机制等举措推进思政课教学内

---

　　① 王恒富、王超：《正确价值引领的思政课教学目标设计》，《中学政治教学参考》2021年第13期。
　　② 丁晓东、子华明：《深化高校思政课教学改革的三个触动点》，《思想政治教育研究》2020年第4期。
　　③ 李寒梅：《社会主义核心价值观教育内化：高校思政课教学的关键》，《思想理论教育导刊》2021年第2期。

容一体化建设。①

再次，从教学主体适应性方面。曹弈（2018）从人才培养的"五性"特征即"精英性、研究性、创新性、实践性、开放性"出发系统梳理思想政治理论课程与人才培养的内在关系，由此提出一系列教学模式改革路径：课程定性与精英性相吻合；教学理念与研究性相匹配；教学方案与创新性相融合；教学手段与实践性相适应；教学设计与开放性相结合。整体突出教学主体与受教主体之间的改革路径，以思政课的主体两面性梳理出思政课改革路径。②丁晓东、子华明（2020）对课堂教学进行分析，认为学生的主体地位尚未巩固，需要紧扣思政课的特殊使命，以大学生为关注点，通过"专业思政"与教师的人格影响履行高校思政课教师的立德树人的职责。强化思政课学生课堂主体地位，需要转换教师授课思维，明确教学主体为学生而非内容，要注重教学内容与学生主体的内在转化，以思政理论普遍性引领受教学生特殊性。③周鉴（2021）认为新时代大学生的个体特质呈现出鲜明的时代烙印，个性需求也向多层次、立体化方向转变。习近平总书记提出的"八个相统一"中富含了丰富的供给侧改革理念，高校可以吸纳其中的理论元素，充分运用新思维盘活思想政治教育战术，在优化教学目标与教学内容、创新教学供给方式、转换教学话语、构建教学场域等方面攻坚克难，以实现"供""需"平衡。同时关注学生群体、个体受教、学习需求，教师呈现多样化教学有效方式，夯实思政过程中教师教学主体地位、学生受教主体地位，以思政内容、供给方式连接双方主体，实现有效、效率思政。④

最后，从教学方法适应性方面。傅江浩、赵浦帆（2019）认为信息时代的瞬息万变带动着教育的不断革新，新媒体和新技术融入高校

---

① 梁英、韦元桃：《本硕博思政课教学内容一体化建设的思考》，《学校党建与思想教育》2023年第10期。

② 曹奕：《人才培养与高校思政课教学模式改革探究》，《江苏高教》2018年第9期。

③ 丁晓东、子华明：《深化高校思政课教学改革的三个触点》，《思想政治教育研究》2020年第4期。

④ 周鉴：《基于大学生精神需求的高校思政课供给侧改革研究》，《学校党建与思想教育》2021年第14期。

思想政治理论课教学改革呈现出"辅助式、混合式、嵌入式"融合等多种表现形式，效果非常明显。教改融合过程中对新媒体和新技术运用的"认同度、达成度、协同度"等方面还有待提升。需要从顶层设计、队伍建设、数据共享等三个方面积极构建其深度融合的运行保障机制。在机制保障下也要注意思政内容的融入效果，达到新技术为思政内容服务，给思政课加上"车轱辘"的效果。①蔡文璞、祝小宁（2022）认为沉浸式教学是高校运用新媒体新技术营造全新的教学环境，促使学生全身心投入学习并顺利完成学习任务的一种教学方式。它为高校思政课改革注入了新的活力，能够整合和拓展教学内容、推进教学手段的信息化发展、让教学的主客体关系从二元对立走向交往主体。高校思政课沉浸式教学需要树立起沉浸式教学的教学理念、创设沉浸式教学场域、建立健全沉浸式教学评价标准，教师学生从思维、身心上全部投入，形成思维的交流互转，从而为高校思政课教学应对挑战提供新的选择。②

从以上研究综述可以看出，高校思政课改革视角宽泛，研究立意深远。高校思政课改革已经进入全盘系统规划，无论是在思政课改革的视角上还是深入教学体系再或者是涉及教育教学主客体和过程，各专家学者不仅仅有理论与战略层面上的考量，而且有实践操作的具体环节、操作步骤和系统规划的落地，甚至有许多学者的论述都是在自己多年的工作经验中总结出来的，内容丰富，启迪深远。同时我们也注意到关于高校思政课改革方向的文章和著作不少，但是从内蒙古地域和民族区域特点来谈高校思政课改革的研究成果并不多，甚至可以说是处在空缺状态。这也为本研究提供了新的创作视角和可深入研究的领域。

---

① 傅江浩、赵浦帆：《高校思政课教学媒体技术融合改革创新》，《湖北社会科学》2019年第12期。

② 蔡文璞、祝小宁：《沉浸式教学助力高校思政课改革》，《学校党建与思想教育》2022年第8期。

第三章 研究方法

第一节 文献研究法

前期梳理大量文献资料，以"思政课""适应性"为关键词检索相关论文，把握学界研究的热点话题，为研究综述的撰写夯实理论基础。同时，深入学习习近平总书记关于增强思政课适应性的相关论述及会议讲话，有关大学生思想政治教育工作的国家级、地区级指导文件，为研究提供现实依据。理论与现实相结合，厘清研究思路，搭建研究框架并明确具体研究内容。

第二节 问卷调查法

依托内蒙古自治区高等学校哲学社会科学研究重大项目"内蒙古高校思政课改革的适应性维度及优化路径"，以及内蒙古农业大学马克思主义学院的团队支持。问卷数据来源主要包括以下两类：一是文件资料，包括党的政策文件、工作总结、工作简报、会议纪要、汇报材料等。二是访谈资料，从2022年以来，展开了为期三年的参与式观察调研，先后访谈了内蒙古大学、内蒙古师范大学、内蒙古财经大学、内蒙古农业大学等十所高校的马克思主义学院的教师、学生及教学管理人员。结合访谈类型对相关访谈内容进行分类处理并进行整理，同时凝练出核心内容。内容包括高校思政课适应性的理论构成要素、思政课适应性的理论解释模型、适应性维度评估方法、适应性维度评估指标、解决适应性问题的成功经验，根据调研、访谈资料进行文本分析，提炼影响内蒙古高校思政课改革适应性维度的关键要素。适应性维度评估指标体系构建调查问卷设计完成后，进入预调研阶段。以便利性、可靠性为前提，选取内蒙古大学、内蒙古农业大学、内蒙古师范大学三所高校共发放50份问卷，进行问卷预调研，包括对问卷的理解、难易程度、是否有歧义、最合适的表达等内容，发表意见交流，在此基础上，对评估问题进行了语句表达的调整。

第三节 层次分析法

层次分析法是由萨蒂（Satty）提出的一种定性和定量相结合的层次化分析方法，属于主观赋权法的一种。为了确定指标权重，它首先确定同一层次的指标对上层指标的影响程度，再根据对上层指标的影响程度对同层各指标进行两两比较。本书运用层次分析法将影响研究目标的各类因素分解成不同层次，对每一层因素的重要性进行比较，并将比较结果转化为权重数值的决策方法。权重的确定是构建发展指标体系中最重要的一部分，层次分析法将先分解每一层次的各要素，要素之间对比后再确定综合权重系数。本书通过构建内蒙古高校思政课改革适应性维度评估指标体系，按照层次分析法的分析步骤，将一级指标动因适应、内容适应、实施主体适应、方式方法适应作为目标层；准则层包含总体性目标、阶段性目标、整体系统创新、马克思主义及其中国化理论成果、习近平新时代中国特色社会主义思想、思想引领力、政治教化力、组织动员力、教学感染力、深入度、透彻性、鲜活性12个指标；方案层经过隶属度分析后最终确定为39个指标。之后，通过建立两两判断矩阵，对同一层级中的对应指标进行两两比较，构造判断矩阵，计算确定各指标权重。同一层次下，两个指标要素有重要程度的区分，为了准确判断，将同一层次中任意两个要素的重要程度进行量化处理。

第四节 CRITIC法

CRITIC法是迪亚科拉基（Diakoulaki）等提出的一种适用于确定指标客观权重的方法，该方法以指标内的变异大小和指标间的冲突性来综合确定指标的客观权重。变异大小表示同一指标取值差距的大小，用标准差来表现，该指标的取值标准差越大，表明反映的信息量越大，权重越大。冲突性指两个指标间的相关系数，相关系数越小，表明反映的信息量有相似性，权重越小。另一种客观赋权法——熵权法只考虑指标值的变异程度，而内蒙古高校思政课改革适应性维度评估各指标间具有一定的相关性，因此用 CRITIC 法确定客观权重更加科学。CRITIC 法相较于专家赋权法、层次分析法等主观赋权法更加客观，不易受人的主观认识影响。①而相对于变异系数法、熵值法等常用的客观赋权法，CRITIC 法在考虑指标差异性的基础上，更注重指标之间的关联性。遵循全国性高校思政课改革评估体系，以"共同性、差异性、融合性"为立足点，以"可操作性、公平公正、合理性"为科学性原则，构建内蒙古高校思政课改革适应性维度评估指标体系，更适宜选择 CRITIC 法。本书通过构建内蒙古高校思政课改革适应性维度评估指标体系，按照 CRITIC 法的分析步骤，将一级指标设定为动因适应、内容适应、实施主体适应、方式方法适应，上述 4 个指标的评估需考虑下列几个因素：动因适应包括总体性目标、阶段性目标；内容适应包括整体系统创新、马克思主义及其中国化理论成果、习近平新时代中国特色社会主义思想；实施主体适应包括思想引领力、政治教化力、组织动员力、教学感染力；方式方法适应包括深入度、透彻性、鲜活性。请 10 位专家根据上述评分因素，以百分制对 39 个指标打分（如表 3-30），计算出平均值，得到评分结果。

第五节　模糊综合评价法

模糊综合评价法（FCE）对于现实社会中所存在的大量模糊概念指标的评估问题具有很好的效果。模糊综合评估法有一个相对完善的评估模型及评估过程，其基本思想是以模糊数学、模糊线性变换原理

---

① 万林、章国宝、陶杰：《基于 AHP-CRITIC 的电梯安全性评估》，《安全与环境学报》2017 年第 5 期。

和最大隶属度原则为基础，考虑所需评估事物的各个评估指标因素，对其做出优劣等级的评估。利用隶属度作为桥梁，将不确定性（非量化因素）在形式上转化为确定性（量化结果），即将模糊性加以量化，从而利用传统数学方法对其进行分析处理。本书中内蒙古高校思政课改革"教育教学动因适应"指标等级评判应在构建模糊综合评价评语集及评价标准的基础上，确定隶属度函数，再构建模糊综合评价数据集，最终确定模糊评价矩阵和指标权重。

第四章 研究思路与研究内容

第一节 研究思路

基于前述学界对"高校思政课适应性改革"的相关研究,依据习近平总书记关于思政课的重要论述,结合高校思政课教育教学全过程及各要素,本书提出从教学动因、教学内容、实施主体、方式方法四方面增强内蒙古高校思政课适应性的研究思路。

一、教育教学动因适应

高校思政课适应性改革首先要明确"为何而教"关键问题。"一切向前走,都不能忘记走过的路;走得再远、走到再光辉的未来,也不能忘记走过的过去,不能忘记为什么出发。"①明确动因对高校思政课改革的稳步推进,具有导航定向、统筹力量、凝聚人心的关键作用。立德树人是中国特色教育现代化的根本要求,是思想政治教育的核心任务,符合人才培养的根本规律,符合社会发展进步趋势。既是中国特色社会主义教育的神圣使命和根本任务,也是党和国家对思政课履行时代使命的政治性要求。由此,研究内蒙古高校思政课适应性改革应从"教育教学动因适应"维度出发,明确立德树人价值导向,聚焦以理服人、以情感人、以行带人。

(一)立德树人的价值意蕴

立德树人是高校思政课适应性改革的根本任务。"人才培养一定是育人和育才相统一的过程,而育人是本。人无德不立,育人的根本

---

① 习近平:《习近平谈治国理政》第二卷,外文出版社 2017 年版,第 32—33 页。

在于立德。"①立德树人是一个密切联系、相辅相成的有机整体。"立德"是"树人"的首要前提，"树人"是"立德"的目标追求。立德，即立时代之"大德"，坚持德育为先，引导学生正确理解和遵循社会主义道德的基本内涵，以教育来感化人、引领人、改变人；树人，即树时代"新人"，坚持以人为本，在遵循学生成长规律、保障学生基本权益的基础上，以教育来塑造人、激励人、发展人。需要强调的是，相较于科学文化、基础知识、社会实践等课程，"思政课的政治性、思想性、学术性、专业性是紧密联系在一起的"②，兼具知识传授、政治教育、价值引领、思想形塑、行为引领等独特功能，"思政课是落实立德树人根本任务的关键课程"③，思政课的效果直接关涉学生的道德判断、道德选择与价值形成。因此，应突出社会主义意识形态的育人功能，强化"立德"的关键性、基础性地位，实现"树人"的现实性、长期性目标，切实为中国特色社会主义发展培养堪当民族复兴重任的时代新人。

　　锚定立德树人有助于明确高校思政课适应性改革的发展方向，回应"培养什么人"目标任务，观照"怎样培养人"方法指引，彰显"为谁培养人"宗旨使命。同时，锚定立德树人，有利于凝聚高校思政课适应性改革的各方力量，使队伍建设、经费投入、技术赋能、教学空间拓展、教学环节优化等都围绕并服务于培养时代新人这一重大命题，聚焦并着力于立德树人这一根本任务。锚定立德树人，也有益于更为高效地开发利用高校思政课适应性改革的各种教学资源，促使思政课建设的顶层设计更加明晰、政策支持更加有力，思政课教师队伍不断发展壮大、素质能力显著提升、精神面貌为之一新，思政课的学科体系、教学体系、教材体系不断健全、日臻完善，形成各方合力，完成根本任务。

（二）高校思政课锚定立德树人的基本要求

　　聚焦完成高校思政课适应性改革中立德树人的根本任务。我国社

---

① 习近平：《在北京大学师生座谈会上的讲话》，人民出版社2018年版，第7页。
② 习近平：《思政课是落实立德树人根本任务的关键课程》，人民出版社2020年版，第25页。
③ 习近平：《思政课是落实立德树人根本任务的关键课程》，人民出版社2020年版，第2页。

会主义制度的性质决定了高校思政课是落实立德树人根本任务的关键课程，需要在目标、内容、原则、方式、评价等方面锚定这一根本任务，以顺利实现高校思政课适应性变革。

在育人目标上，必须不忘"为党育人、为国育才"初心使命，牢记"培养什么人、怎样培养人、为谁培养人"根本问题，引导大学生明大德、守公德、严私德，培育堪当民族复兴大任的时代新人。在育人内容上，在立德树人价值导向下，要求思政课教学坚持用马克思主义的世界观和方法论丰富视野、武装头脑、指导实践，坚持用中华优秀传统文化铸魂育人、启智润心。在育人原则上，遵循育人规律，深入了解大学生成长特点，不断塑造学生良好的品格、品行、品位，切实发挥思政课的示范效应和独特魅力。在育人方式上，探索课堂教学、在线教学、实践教学"三位一体"教学体系，建立思政课程、实践课程、专业课程"三方互动"协同体系，聚焦主线，紧盯主体，善用"大思政课"协同育人，促使各类课程与思政课程同向同行，切实打造"一体化领导、专业化运行、协同化育人"的思想政治工作格局。在育人评价上，要"创新考试考核办法，探索建立科学全面准确评价学生思想政治理论课学习效果的评价体系"[①]。坚持立德树人价值导向，构建增进知识、提升能力、培育情感、塑造价值、加强实践五位一体的学习评价目标；形成教师为主导，辅导员、学生处、党团支部和思政工作专职队伍为辅助的协同评价模式；在尊重学生个性化差异的前提下，科学探索以过程性评价、质性评价为主导，结果性评价、量化评价为辅的多样化方法，探寻学生学习结果的形成过程及存在问题并自主诊断。以此引导学生立大志、明大德，真正发挥以考促教、以评促学、以评促发展的动态改进功能，提高立德树人的成效，增强高校思政课适应性。

[①] 中央宣传部、教育部：《中央宣传部 教育部关于印发〈普通高校思想政治理论课建设体系创新计划〉的通知》，2015 年 7 月 27 日，http://www.moe.gov.cn/srcsite/A13/moe_772/201508/t20150811_199379.html，访问日期：2024 年 4 月 22 日。

二、教育教学内容适应

高校思政课增强适应性重点在于把握"要教什么"关键问题。习近平在全国高校思想政治工作会议上强调:"用新时代中国特色社会主义思想铸魂育人"①，为新时代高校思想政治理论课内容建设指明了前进方向，提供了根本遵循。习近平新时代中国特色社会主义思想是做好新时代教育工作的基本遵循。用习近平新时代中国特色社会主义思想铸魂育人既关系千万大学生个体的成长成才，又关系我国社会主义现代化强国建设的人才支撑。可见，研究内蒙古高校思政课增强适应性应从"教育教学内容适应"维度出发，重点在于旗帜鲜明地用习近平新时代中国特色社会主义思想铸魂育人。

（一）铸魂育人的价值意蕴

铸魂育人是高校思政课增强适应性的主线主题。思政课内容建设不是简单的知识传授、理论讲解，而是理想信念培塑。中国特色社会主义进入新时代，只有坚持用习近平新时代中国特色社会主义思想铸魂育人，才能使思政课在思想引领、政治教育、价值塑造、道德涵育等方面培养出符合我国经济社会发展要求的有用人才。因此，要把用习近平新时代中国特色社会主义思想铸魂育人作为思政课教学内容增强适应性的主题主线，紧紧围绕这一目标设计政策、配置资源、创造条件，形成办好思政课的强大合力。

"浇花浇根，育人育心"。所谓铸魂育人，即是用马克思主义及其中国化理论成果铸就大学生拥护中国共产党领导、信仰共产主义、建设中国特色社会主义的理想信念，把他们培养成让党放心、强国有我、不负时代的建设者和接班人。以高校思政课为例，紧紧围绕习近平新时代中国特色社会主义思想来展开教学。讲授"马克思主义基本原理概论"主要是为了帮助学生掌握原理的武器，以便从源头上更好地理解当代中国马克思主义。讲授"毛泽东思想和中国特色社会主义理论体系概论"主要是为了帮助学生理解马克思主义中国化的历程和逻辑，

---

① 习近平：《习近平谈治国理政》第三卷，外文出版社 2020 年版，第 328 页。

更好地学懂弄通马克思主义中国化最新成果。讲授"中国近现代史纲要"主要是为了帮助学生从历史视角加深对新时代中国特色社会主义重大理论和实践问题的认知。讲授"思想道德与法治"是为了帮助学生系统掌握以习近平同志为核心的党中央对青年学生成长发展的思想道德素养和法治素养要求。讲授"形势与政策"主要是为了帮助学生第一时间学习了解习近平总书记最新重要讲话精神。也可以说,用习近平新时代中国特色社会主义思想铸魂育人是思政课内容建设的根本指向,思政课程体系是把习近平新时代中国特色社会主义思想作为教学主线,最终聚焦于习近平新时代中国特色社会主义思想的讲授上来。

(二)高校思政课夯牢灵魂基石的基本要求

着力夯牢高校思政课适应性改革的灵魂基石。高校是铸魂育人的重要阵地,思政课夯实灵魂基石应当从提高政治站位、领会精神实质、抓住关键环节三方面着手,要教育引导大学生学懂弄通做实习近平新时代中国特色社会主义思想,切实把用习近平新时代中国特色社会主义思想铸魂育人落到实处。

首先,要提高政治站位,增强用习近平新时代中国特色社会主义思想铸魂育人的责任感和紧迫感。世界百年未有之大变局加速演进、中华民族伟大复兴进入关键时期、时代之变和世纪疫情相互叠加、意识形态领域斗争异常复杂。要完善思政课课程体系,不断创新思政课内容,增强中国特色社会主义道路自信、理论自信、制度自信、文化自信,确保青年一代成为社会主义建设者和接班人。其次,要领会精神实质,提高用习近平新时代中国特色社会主义思想铸魂育人的系统性和逻辑性。应全面开设"习近平新时代中国特色社会主义思想概论"必修课,并在通识课堂、专业课堂、必修课堂、选修课堂以及辅修课堂等阐释解析习近平关于治党治国治军、内政外交国防、改革发展稳定等重要论述。最后,要抓住关键环节,提高用习近平新时代中国特色社会主义思想铸魂育人的科学性和现实性。可以通过专题讲座、辅导报告、研究阐释等形式,引导学生整体学习《习近平谈治国理政》,深刻领悟其中蕴含的世界观和方法论,把握其中彰显的思想方法和工作方法,更加自觉地做习近平新时代中国特色社会主义思想的坚定信仰者和忠实践行者。各门课程教学要紧密结合新时代新实践，紧密结合思想和工作实际，用习近平新时代中国特色社会主义思想回答学生所关注的现实问题、回应即时的社会热点，解开思想之惑、疏通困顿之结。

三、教育教学实施主体适应

高校思政课适应性改革需要厘清"由谁来教"的关键问题。"蒙以养正，圣功也。"思政课是落实立德树人根本任务的关键课程，办好思政课关键在教师，关键在发挥教师的积极性、主动性、创造性。习近平总书记强调："'经师易求，人师难得。'……思政课教师，要给学生心灵埋下真善美的种子，引导学生扣好人生第一粒扣子。"[①]由此，研究内蒙古高校思政课适应性改革应从"教育教学实施主体适应"维度出发，要求思政课教师"不断提高自身道德修养，以模范行为影响和带动学生，做学生为学、为事、为人的大先生"[②]，做"可信、可敬、可靠，乐为、敢为、有为"[③]的大先生。

（一）教师队伍建设的价值意蕴

教师是思政课适应性改革的主体力量。高校思政课教育教学能否适应，关键在于教师怎样去教、能否充分调动大学生的能动性，综合运用多种教育教学方式方法，把思政课讲得更有亲和力和感染力，更有针对性和实效性，使思政课充满生命力、散发吸引力，实现知、情、意、行之统一，达至沟通心灵、启智润心、激扬斗志之目的。

首先，有助于发挥思想引领作用。教师通过对马克思主义理论的创造性解释，引领学生形成科学的世界观和方法论，在思想上教育学生不断深化对"历史和人民是怎样选择了马克思主义、选择了中国共产党、选择了社会主义道路、选择了改革开放"和"共产党执政规律、社会主义建设规律、人类社会发展规律"的认识和理解，将党的最新

---

① 习近平：《思政课是落实立德树人根本任务的关键课程》，人民出版社2020年版，第12页。
② 新华社：《习近平在中国人民大学考察时强调：坚持党的领导传承红色基因扎根中国大地走出一条建设中国特色世界一流大学新路》，《人民日报》2022年4月26日。
③ 习近平：《思政课是落实立德树人根本任务的关键课程》，人民出版社2020年版，第9页。

理论成果内化入学生的知识体系、价值体系和信仰体系。其次，有助于发挥政治教化作用。习近平总书记在纪念辛亥革命110周年大会上的讲话中指出，高校思想政治教育承担着重大的政治引领任务。①要引导学生从政治上看问题，坚定政治信念，明辨政治方向，站稳政治立场。最后，有助于思政课堂师生双向互动。教师通过精心设计课堂问题，避免使互动流于表面形式。借助多媒体手段，以其直观、生动、形象优势，在吸引学生的同时，激发学生的想象力，提高师生双向互动的质量和效率。

（二）高校思政课教师队伍建设的基本要求

充分发挥教师在高校思政课适应性改革中的关键作用。习近平在学校思想政治理论课教师座谈会上指出："办好思想政治理论课关键在教师，关键在发挥教师的积极性、主动性、创造性。"②新征程高校思政课适应性改革要求发挥教师的关键作用，让思政课讲起来更有针对性和实效性，听起来更具亲和力和感染力。

一是统一性和多样性相统一。就统一性而言，思政课的教学目标、课程设置、教材使用有统一的要求。思政课教师在对学生进行思想政治教育的过程中要把握统一的教学目标，即围绕"培养什么人、怎样培养人、为谁培养人"这个根本问题进行教学活动；思政课教师在对学生进行思想政治教育的过程中要按照国家要求的课程标准和教材规范进行教学，严格按照不同层级学生的培养要求，保证课程的基本内容、课程时长达到国家规定的基本要求。使用国家规定的统编教材，以统编教材为基础和依托。就多样性而言，政策的具体落实要因地制宜、因时制宜、因材施教。思政课教师应根据当地特有的历史底蕴和文化传统，大力开发优势特色资源，打造多样化思政课堂；主动探索创新教学理念和教学方法，深入拓展思政课堂的内涵和外延，打造如互动课堂、校外课堂；也要根据学生的不同气质，有针对性地进行教学，发掘学生的个性与特长。二是灌输性和启发性相统一。思想政治

---

① 新华社：《纪念辛亥革命110周年大会在京隆重举行 习近平发表重要讲话》，2021年10月9日，https://www.gov.cn/xinwen/2021-10/09/content_5641632.htm，访问日期：2024年5月20日。

② 习近平：《思政课是落实立德树人根本任务的关键课程》，人民出版社2020年版，第10页。

教育的本质是社会主导意识形态的灌输和教化，灌输不是强灌漫灌，更不是被有些人所歪曲的"洗脑论"。要求教师能够将"一成不变"的教材内容转化为自己"灵活多变"的教学内容。通过灌输性教学，引导学生逐步形成完整的知识理论体系。同时，思政教师也要做好启发性教学工作，激发学生思考问题的主动性和解决问题的创造性。三是知识性和价值性相统一，知识是载体，价值是目的，二者相辅相成。思政课涉及哲学、历史学、教育学、政治学、社会学、文化学等知识，思政课教师不仅要有深厚的马克思主义理论功底，还要具备广博的知识积累。要学而不厌，做到常学常新。同时，要求思政课教学不能仅停留在理论知识的传授层面，还要不断提升学生的思想政治素养，将正确的政治立场、价值观念和崇高的理想信念融入教学过程。四是坚持言传与行范相统一。亲其师，才能信其道，教师要做到课内课外一致、网上网下一致，用堂堂正正的人格涵养浩然正气，理直气壮讲好思政课。发挥言和行的双重模范作用，以行为世范的高度自觉激励学生，用强大的真理力量感召学生，凭高尚的人格魅力赢得学生，用丰富学识打动学生，力做治学、做人、干事之表率。

四、教育教学方式方法适应

高校思政课适应性改革根本在于求解"怎么教好"的关键问题。恩格斯说过："我们的理论是发展的理论，而不是必须背得烂熟并机械地加以重复的教条。"① 这说明基于马克思主义基本原理指导下的教育教学方式方法，应本着与时俱进的发展性进行创新改革，使其适应社会矛盾的变化。事实上，推进方式方法创新，既是马克思主义与时俱进理论品格的必然要求，也是增强思政课教育教学适应性的现实要求，是落实立德树人根本任务的关键举措、夯牢灵魂基石的重要手段、发挥教师作用的具体承载。研究内蒙古高校思政课适应性改革应从"教育教学方式方法适应"维度入手，创新方式方法，解决怎么教好的问

---

① [德] 卡尔·马克思：《马克思恩格斯全集》（第36卷），中共中央马克思恩格斯列宁斯大林著作编译局译，人民出版社2015年版，第584页。

题,"把道理讲深、讲透、讲活"①。

(一)创新方式方法的价值意蕴

"把道理讲深、讲透、讲活"是高校思政课教学方法增强适应性应有之义。通过教学方式方法创新,有效引导学生真学、真懂、真信、真用。就"讲深"而言,侧重于讲深刻、讲深入,即讲清楚马克思主义理论的科学内涵,揭示自然现象、社会历史发展现象以及人类思维活动现象背后的客观规律,用缜密的学理和严整的逻辑引导学生"知其然、知其所以然、知其所以必然"。就"讲透"而言,关键在于把事实讲清楚,回答学生心中的疑问和困惑,帮助学生建立起马克思主义基本原理指导下的方法论基础,用以解决问题。就"讲活"而言,是在讲深、讲透的基础上把道理讲得活灵活现,使之"食之有味"。可以通过走访红色基地、观看发展成就、专访相关人物,利用社会大课堂把冷冰冰的理论活化,让理论照进现实,走进身边。"讲深"是前提和基础、"讲透"是关键和重点、"讲活"是目的和归宿,三者共同构成高校思政课教育教学增强适应性的方法论体系。

(二)高校思政课创新方式方法的基本要求

高校思政课适应性改革需要在教育教学方式方法上增强适应性。习近平指出:"思政课的本质是讲道理,要注重方式方法,把道理讲深、讲透、讲活,老师要用心教,学生要用心悟,达到沟通心灵、启智润心、激扬斗志。"②思政课的本质在于讲好道理,所谓"道理"包括治国理政的政理、马克思主义的学理,以及以中国故事为载体而彰显中国精神的事理。

一是讲深"中国之理"。在新时代,中国日益走向世界舞台中央,话语权不断增强,思政课要在坚持政治性的基础上,从历史长河中、从全球风云变化中讲好中国故事,让思政课展现出强大的"中国之理"力量。运用好党史、新中国史、改革开放史、社会主义发展史的史学

---

① 新华社:《习近平在中国人民大学考察时强调:坚持党的领导传承红色基因扎根中国大地 走出一条建设中国特色世界一流大学新路》,《人民日报》2022年4月26日。

② 新华社:《习近平在中国人民大学考察时强调:坚持党的领导传承红色基因扎根中国大地 走出一条建设中国特色世界一流大学新路》,《人民日报》2022年4月26日。

力量，在梳理历史逻辑中展现理论力量，说服人、教育人。要在建立社会主义意识形态上下功夫，严防西方意识形态的渗透以及对我国的大政方针政策和发展道路的歪曲、抹黑，引导学生增强判断力、鉴别力和抵抗力。二是讲透"中国之路"。讲透"中国共产党为什么能"，要运用大历史观来解读中国道路的选择形成，从发展中所取得的成就中、所面临的历史困境中坚定道路自信，在道路自信中坚定中国共产党的领导。讲透"中国特色社会主义为什么好"，要讲好当今世界中国所做出的贡献，讲好中国方案对于世界的意义。中国方案对化解世界难题指明了方向。在世界经济问题上提出包容增长理念共同做大蛋糕，在大国关系问题上提出合作共赢，在全球治理上提出人类命运共同体，共建更加美好的世界。讲透"归根到底是马克思主义行，是中国化时代化的马克思主义行"，要从学理层面阐明中国式现代化的总体特征，要让学生理解和明白中国是如何走向现代化，如何实现现代化，如何向世界提供现代化新选择，彰显马克思主义的真理力量。三是讲活"中国之治"。要梳理好中国发展战略以及实施情况，彰显社会主义制度的优越性，归纳出"中国之治"的成功是在于党对于经济工作的集中统一领导。用好新型授课模式，抓住互联网变革教学模式的新潮流。顺应数字化、网络化、智能化、公开化的发展潮流。打造线上金课，让思政教育不断走向高质量发展。概括而言，思政课教学方法增强适应性要综合考量历史与现实、理论与实践、国内与国际背景，创新以政理为引导、以学理为支撑、以事理为载体的多样化教学方法。

第二节 研究内容

一、导论部分

主要包括选题的背景与意义、研究综述、研究方法、研究思路与研究内容、研究创新之处五部分内容。首先，按照从宏观到微观的逻辑，围绕高校思政课改革研究视角、高校思政课改革话语体系、高校思政课适应性改革进行研究综述；其次，基于学界现有研究，提出本书的研究思路和研究方法;最后,阐述本书具有研究区域、研究思路、研究方法三方面创新之处。

二、高校思政课适应性改革的内涵及要求

首先,阐释思政课的适应性内涵及其重要意义。思政课社会适应性包括适应马克思主义理论创新的需要、适应社会需要及其发展、适应人的变化特别是当代大学生的变化和需要三方面内涵。前者说明高校思政课适应性改革是马克思主义理论品格的必然要求,应从坚持问题导向和坚持与时俱进着手;后两方面代表高校思政课适应性改革是思政课改革创新的内在要求,应从因时而进适应时代新要求、因人而异适应学生新特点两方面着力。

三、内蒙古高校思政课适应性改革评估指标体系的构建

鉴于现有高校思政课改革评估体系单一且未考虑内蒙古地区特性,已经无法满足内蒙古高校思政课增强适应性的迫切需要,构建内蒙古高校思政课改革适应性维度评估指标体系。首先,指标体系构建有利于坚持问题导向推进思政课适应性改革;有利于育人目标的精准实施;有利于发挥思想政治理论课的"协同效应";有利于以评促改、以评促建、以评促管推动思政课适应性改革高质量发展。其次,遵循以人为本、过程性、可操作性原则构建评估指标体系。再次,系统梳理"动因适应""内容适应""实施主体适应""方式方法适应"指标选取的理论依据。最后,阐述评估指标体系的设计思路,探索从高校思政课适应性改革目标、教学内容、实施主体、教学方法等方面建立健全全过程式评估体系。

四、内蒙古高校思政课改革"教育教学动因适应"评估指标体系的应用

在内蒙古高校思政课适应性改革评估指标体系构建的基础上,运用模糊综合评价法,在广泛调研的基础上,科学评判内蒙古高校思政

课改革"教育教学动因适应"评估指标等级，验证评估指标体系的合理性。归纳出育人目标落实相对欠缺、评价目标设定不够科学、教学目标贯通与衔接性不强等现实困境，并探究其成因。结合对内蒙古高校思政课改革"教育教学动因适应"评估的翔实数据，内蒙古高校致力于从强化"立德树人"理念引领、推动教学目标与教学范式相契合、健全"以学生为中心"的教学评价体系、以系统思维统筹课程目标体系、加强高校协同育人建设五方面增强思政课动因适应。

五、内蒙古高校思政课改革"教育教学内容适应"评估指标体系的应用

在内蒙古高校思政课适应性改革评估指标体系构建的基础上，运用模糊综合评价法，在广泛调研的基础上，科学评判内蒙古高校思政课改革"教育教学内容适应"评估指标等级，验证评估指标体系的合理性。梳理出"马克思主义及其中国化理论成果"教学的思想引领力有待加强、"习近平新时代中国特色社会主义思想"融入课堂效果欠佳、"习近平新时代中国特色社会主义思想"实践教学不足等现实困境及其成因。结合对内蒙古高校思政课改革"教育教学内容适应"评估的翔实数据，内蒙古高校致力于从推动马克思主义信仰教育融入高校思政课教学、推进习近平文化思想融入高校思政课教学、推进习近平法治思想融入高校思政课教学、推进习近平生态文明思想融入高校思政课教学四方面增强思政课内容适应。

六、内蒙古高校思政课改革"教育教学实施主体适应"评估指标体系的应用

在内蒙古高校思政课适应性改革评估指标体系构建的基础上，运用模糊综合评价法，在广泛调研的基础上，科学评判内蒙古高校思政课改革"教育教学实施主体适应"评估指标等级，验证评估指标体系的合理性。归纳出部分思政课教师数字素养有待提升、部分思政课教师缺乏专业理论素养和学术功底、部分思政课教师教学感染力欠佳等

现实困境，并深入剖析其成因。结合对内蒙古高校思政课改革"教育教学实施主体适应"评估的翔实数据，内蒙古高校致力于从提升高校思政课教师数字素养、健全高校思政课教师成长发展机制、加强高校思政课教师教学研究、建立高校思政课教师保障激励机制四方面增强思政课实施主体适应。

七、内蒙古高校思政课改革"教育教学方式方法适应"评估指标体系的应用

在内蒙古高校思政课适应性改革评估指标体系构建的基础上，运用模糊综合评价法，在广泛调研的基础上，科学评判内蒙古高校思政课改革"教育教学方式方法适应"评估指标等级，验证评估指标体系的合理性。归纳出思政课理论讲授透彻性欠佳、案例教学方法在思政课教学中效果不足、数字技术与思政课深度融合有待加强等现实困境，并探寻其背后根源所在。结合对内蒙古高校思政课改革"教育教学方式方法适应"评估的翔实数据及深度访谈资料，内蒙古高校致力于从讲深刻讲深入马克思主义道理、讲透彻讲明白马克思主义道理、讲鲜活讲生动马克思主义道理、数字赋能"大思政课"建设四方面增强思政课方式方法适应。

第五章 研究创新之处

第一节 研究区域的创新

内蒙古地区具有独特的历史传统、地域特色和人文环境,同时又存在着鲜明的发展性难题,导致高校思想政治教育的开展、思政课的建设发展存在不同程度的困难。面临内蒙古地区的经济社会发展不充分、部分区域自然环境相对恶劣、改革创新能力整体不足等问题,思政课迫切需要增强适应性。本研究在深入了解高校思政课教育的内涵、特征和国内外研究现状的基础上,以内蒙古地区为特定的区域,以大学生为研究对象。为了准确而系统地掌握内蒙古地区大学生思政课教育过程中存在的主要问题,并了解其成因,本书针对内蒙古地区在校大学生设计了调查问卷。在此基础上,从国家、社会和个人层面分析了加强内蒙古高校思政课适应性改革的重要性。

第二节 研究思路的创新

以习近平总书记关于高校思政课增强适应性的相关论述、思政课改革的适应性内涵及要求为立足点,从教育教学动因适应、内容适应、实施主体适应和方式方法适应四方面构建综合评估指标体系、开展适应性改革评价,基于评价结果凝练思政课适应性改革面临的问题、原因及其改进建议。动因适应主要考察高校思政课改革的总体性目标与阶段性目标,内容适应评估着重考察整体系统创新、马克思主义及其中国化理论成果、习近平新时代中国特色社会主义思想,实施主体适应评估主要考量思政课教师的思想引领力、政治教化力、组织动员力、教学感染力,方式方法适应着力评估思政课教授过程的深入度、透彻性及鲜活性。意在从思政课教育教学的全过程、多方位、全要素出发，厘清研究思路。

第三节 研究方法的创新

本书采用定性分析与定量分析相结合的方法，致力于构建规范性与合理性、有效性与科学性相一致的内蒙古高校思政课适应性维度评估指标体系。指标选取、筛选及权重确定考虑定性与定量相结合，同时，在相关专家学者指导下，根据内蒙古高校实际情况，利用问卷调查法、专家打分法、AHP 层次分析法、CRITIC 分析法，评估内蒙古高校思政课适应性改革水平。

第二编

高校思政课适应性改革的内涵及要求

第一编系统梳理了习近平总书记关于高校思想政治理论课适应性改革的相关论述，提出了思政课的社会适应性问题，以及为达成社会适应而进行的自我调适问题，不仅具有重要的现实意义，而且具有重要的学术价值。"适应"本是生物学概念，体现的是生物体同周围环境依赖、顺应的关系。在社会生活中，"适应"指顺应社会整体系统的需要，反映事物和周围其他事物的关系。社会本身在变化，对思政课的要求也在变化。思政课是一个社会性事物，是一种社会现象、社会活动和社会事业，它不仅需要承担一定的社会职能，履行一定的社会职责，并为社会发展做出自己的贡献，同时又必须改变调适、达成"适应"，适应社会需要和要求，适应社会形势变化，紧跟社会发展步伐，以此维持自身的生存和发展，并发挥应有的功能作用。思政课的社会适应性主要表现在适应理论创新需要、适应社会发展需要、适应学生接受特点三方面，据此，要讲好新时代新征程的思政课，必须推动思政课改革进行自我调适，适应新变化、新形势和新特点。

第一章 思政课的适应性内涵及其重要意义

第一节 适应与社会适应

"适应"是生物学领域的重要概念，是指生物的形态结构和生理机能与其赖以生存的一定环境条件相适合的现象，标识生物体对生存环境的依赖与顺应关系。一方面指生物体各层次的结构（从大分子、细胞、组织、器官，乃至由个体组成的种群等）都与环境相适应；另一方面，这种结构与相关的功能（包括行为、习性等）适合于该生物在一定环境条件下的生存和延续。不论是植物、动物还是微生物，都必须适应环境才能实现自身的生存和发展。人是高级生物，是对自然具有越来越强改造能力的物种，但人仍然要在更为广泛的意义上适应自然环境的变化。特别是作为社会性动物，个体是生活在社会系统中的，本身存在对社会环境的适应性问题，这种社会适应甚至比对自然环境的适应更为重要，更加影响个体的生存和发展。人不仅增强自身的社会适应性，更要使其所从事的事业适应社会需要，才能得以长效发展及实现预设目标。

社会是一个有机系统，这个系统的任何一部分只有依赖于系统的其他部分、依赖于系统的整体性存在，才能实现自身的生存和发展。进一步说，它必须适应社会系统对它的需要，适应社会系统其他部分的特点和要求。同时，它必须借助于相应的社会条件，才能实现自身的功能并为社会系统做出贡献。例如，生产关系一定要适应生产力发展的要求，上层建筑一定要适应经济基础的要求。由此观之，社会生活的每一个领域或每一项事业都有自身的社会适应性问题。

第二节　思政课的适应性内涵

思政课是一种社会现象、社会活动和社会事业，具有社会性属性。一是思政课必须履行一定的社会职能，承担一定的社会职责，并为社会发展做出自己的贡献。二是思政课必须适应社会需要和要求，适应社会变化，紧跟社会发展步伐。后者即为思政课的社会适应性问题。思政课是一种推动人的全面社会化的重要课程，也是一种社会性的思想实践活动，它始终是在一定社会历史条件下和社会环境中进行的，受一定历史条件和社会环境的制约。为了适应处于动态发展中的现实社会以及随之不断变化的人的思想，思政课建设必须主动适应社会，必须要自我调适以推进自身的社会化进程。

第三节　思政课适应性改革的重要意义

思政课增强适应性对其建设与发展具有重要意义。思政课能否适应社会需要和要求，决定着思政课是否具有价值、能否受到重视、能否获得长效发展。只有适应社会需要和要求，才能发挥自身在落实立德树人根本任务中的关键作用。如果思政课的教育教学、课程设置、内容编排不能适应社会要求，或不能适应社会发展的最新要求，即使有领导的重视和教师的配合，也难以充分发挥自身应有的功能和作用。这就必然要求，思政课教育教学改革要经常反思和追问"适应不适应"的问题。必须始终把适应社会需要和要求当作自身建设、改革与发展的方向指引，同时要密切关注社会需要和社会条件的发展变化，把握社会对思政课的最新需要，把握党和国家对思政课的最新要求。

思政课要做到始终适应社会需要和要求，就必须自觉进行自我调适，即适应性改革。思政课必须摒弃自我封闭、自我欣赏、闭门造车、漠视社会发展的变革的心态与做法，必须积极适应社会，将自身发展与社会变革密切联系起来，主动适应国家发展的形势和需要。高校思政课适应性改革可以从多方面着力，包括教育教学动因适应、内容适应、实施主体适应及方式方法适应等方面，均可根据新时代新征程的社会需要加以调整。以增强内容适应为例，新时代以来，特别是习近平总书记亲自主持召开学校思想政治理论课教师座谈会以来，思政课在党中央治国理政战略全局中的地位日益凸显，发展环境和整体生态发生根本性转变，在这样的情况下，调整高校思政课课程体系，全面推进"大思政课"建设[①]，充分调动全社会力量和资源，建设"大课堂"、搭建"大平台"、建好"大师资"，建设全国高校思政课教研系统，设立一批实践教学基地，推出一批优质教学资源，做优一批品牌示范活动，支持建设综合改革试验区，推动思政小课堂与社会大课堂相结合，是十分必要的。

思政课的社会适应性概括地说有三个基本方面：一是适应马克思主义理论创新的需要；二是适应社会需要及其发展；三是适应人的变化特别是当代大学生的变化和需要。因此，大体上，我们可以重点从理论创新需要、社会发展需要、学生成长需要三个方面来考察思政课的社会适应和自我调适。

[①] 教育部等十部门：《教育部等十部门关于印发〈全面推进"大思政课"建设的工作方案〉的通知》，2022年8月10日，http://www.moe.gov.cn/srcsite/A13/moe_772/202208/t20220818_653672.html，访问日期：2024年5月25日。

第二章 马克思主义理论品格的必然要求

第一节 坚持问题导向,积极回答中国之问、时代之问、学生之问

坚持问题导向是马克思主义的鲜明特征之一,也是中国共产党的重要思想和工作方法之一。毛泽东在《反对党八股》一文中说道:"什么叫问题?问题就是事物的矛盾。哪里有没有解决的矛盾,哪里就有问题。"①坚持问题导向是思政课适应性改革的必然要求。

一、回答中国之问——思政课要与中国具体实际相结合

中华文明绵延不断、经久不衰,在长期演进过程中,形成了中国人看待世界、看待社会、看待人生的独特价值体系、文化内涵和精神品质,以其强大的文化主体性和旺盛生命力为学生提供灵魂滋养和精神力量,支撑学生为实现中华民族伟大复兴的中国梦不懈奋斗。高校思政课适应性改革要求思政课教师帮助学生了解中国的历史源流、社会制度及发展道路,使学生更好地认识自己的国家和民族,增强民族自豪感和文化自信心。

(一)思政课适应性改革要融入中国共产党党史学习教育

在高校思政课中开展党史学习教育,是引导青年学生学习党史,厚植爱党、爱国、爱社会主义情感的重要途径。首先,将党史学习教育融入高校思政课是传承红色基因、筑牢信仰之基的必然要求。思政

---

① 毛泽东:《反对党八股》(1942年2月8日),《毛泽东选集》第3卷,人民出版社1966年版,第796页。

课是对学生进行党史教育的"主阵地",党史教育是学生了解中国共产党光辉历程、感受红色文化的重要途径。思政课教师将党史教育融入思政教育,能够在帮助学生明晰建党百年历史的同时,使其更为深刻地认识到中国共产党为国家和人民做出的贡献,更深刻地体会到中国共产党的伟大和正确,更好地理解党的理论路线和方针政策,增强对中国特色社会主义道路的认同。其次,将党史学习教育融入高校思政课是增强民族团结、铸牢中华民族共同体意识的应有之义。习近平总书记在内蒙古考察时强调,铸牢中华民族共同体意识是新时代党的民族工作的主线,也是民族地区各项工作的主线[①]。学习党史,应当深刻体悟"我们党的初心使命就是为中国人民谋幸福,为中华民族谋复兴",深刻领悟"共同团结奋斗、共同繁荣发展",让中华民族共同体意识根植于各族青年学生心灵深处。

(二)思政课建设要充分展现中华民族伟大历史成就

首先,由历史观之,思政课教师要向学生讲述中华民族在历史各时期取得的伟大成就,无论是《诗经》、楚辞、汉赋、唐诗、宋词、元曲、明清小说等文艺作品,还是"四大发明"、万里长城、都江堰、大运河、故宫、布达拉宫等人间奇迹,都是中华民族的灿烂瑰宝。其次,以当代视角,思政课教师要向学生讲述新时代十年取得的伟大成就,无论是稳经济、促发展、战贫困、建小康,还是控疫情、抗大灾、应变局、化危机,党带领人民创造出世所罕见的经济快速发展奇迹和社会长期稳定奇迹,全面建成小康社会、第一个百年奋斗目标如期实现,开启了全面建设社会主义现代化国家、向第二个百年奋斗目标进军的新征程。

二、回答时代之问——思政课要与时代同步发展

新时代新征程思政课教学肩负着培育时代新人的重任,高校思政课适应性改革要求教育教学紧扣时代脉搏,在课程中全面融入马克思

---

① 新华社:《习近平在内蒙古考察时强调:把握战略定位坚持绿色发展 奋力书写中国式现代化内蒙古新篇章》,2023 年 6 月 8 日,https://www.gov.cn/yaowen/liebiao/202306/content_6885245.htm,访问日期:2024 年 5 月 29 日。

主义最新理论成果，引导学生用马克思主义的立场、观点、方法观察时代、把握时代、引领时代。

（一）推动思政课教学内容的守正性与创新性的双向互动

守正性是思政课教学内容的基石。这要求我们坚守马克思主义在意识形态领域的指导地位。马克思主义基本原理是对学生进行思想政治教育的理论基础，各种形式的教学都不能替代阅读经典原著、领悟原理理论等方面的学习。思政课教师不仅要吃透教材，更要悟透马克思主义基本理论，讲得出科学理论的魅力。与此同时，守正并不意味着固步自封，在坚守传统的同时，思政课教师还需要注重教学内容的创新性，引导学生把握时代大势。思政课教师要不断更新自己的知识储备以适应时代发展，关注社会热点和国家大事，了解最新理论政策，并将其与思政课有机结合，转化为教学的生动素材，提升学生学习兴趣，让学生正确认识时代和历史的使命，最终能够将正确的认识和远大的抱负融入建设祖国的实践中。

（二）实现思政课教学的传统媒介与数字媒介的协同联动

思政课是新时代落实立德树人根本任务的"关键课程"，思政课教学方法增强适应性是实现这一目标的关键途径。当前网络时代、数字经济等对思政课程建设提出了新的要求和挑战，也为思政课的形式创新和质量提升创造了新的机遇。首先，思政课教师要紧跟时代发展趋势，借助和发挥信息化、网络化、数字化技术和媒体的作用，拓展和创新思政课教学授课方式和技术形式，使思政课教学在数字化技术保障中增强学生的视觉冲击、情感体验、政治认同等，提高思政课堂的生动性和实效性。其次，思政课教师要注重开发数字化教学资源。发挥校外红色资源、博物馆、社区等实践基地的育人价值，实现育人资源的互联互通，建设数字化教学资源库，实现资源的共建共享，通过数字化平台将思政教育贯穿育人全过程。思政课要充分利用数字技术增强师生之间的交流互通，促进多方积极配合、协同共进，提升思政课教育效能，进一步推动思政教育创新发展。

三、回答学生之问——思政课要聆听学生心声

思政课要关注学生的思想困惑,借助多样化的手段和方式帮助学生更好地认识和理解世界,树立积极乐观的生活态度,形塑其社会责任感和公民意识。

(一)洞悉学生的思想状况

思政课程应紧密围绕更充分平等的学习机会、更富有挑战的工作机遇、更完善可靠的社会保障、更健康美好的生存环境、更多元充盈的精神世界等新时代持续关注的热点问题展开。只有精准把握学生思想动态和心理状况,紧扣学生所思所想所问,才能有效回应学生在学习、工作及人际交往时所面临的现实困境并进行精准帮扶。

(二)把握青年的生活方式

随着时代进步,学生的生活方式呈现出多样化特点。面对新时代生活方式的新变化,思政课教师既要提高教育教学的针对性和实效性,引导学生形成积极健康的生活方式,又要透过现象看本质,完整科学地了解学生的生活面貌,聚焦学生的本质需求,为与学生的进一步沟通交流奠定基础。

(三)辅助制订职业规划

思政课程可以帮助学生明晰自己喜欢干什么、擅长干什么、今后想从事何种职业等问题。理论层面,思政课教师可以结合社会热点和行业发展趋势,讲授职业规划相关理论知识,促使学生增进对整体就业情况和职业发展前景的了解。实践层面,思政课程可以结合特定专业,设置企业参观、实习培训、社会调研等实践活动,让学生通过实践更直观地了解自身兴趣和优势,为今后的职业选择积累经验。

第二节 坚持与时俱进,必然要求因事而化、因时而进、因势而新

新时代高校思政课适应性改革工作要从习近平总书记重要论述

中汲取智慧，与时俱进地加强思政课内容建设，坚持用习近平新时代中国特色社会主义思想铸魂育人。2016年12月，习近平总书记在全国高校思想政治工作会议上指出："做好高校思想政治工作，要因事而化、因时而进、因势而新。要遵循思想政治工作规律，遵循教书育人规律，遵循学生成长规律，不断提高工作能力和水平。"①"三因理念"既是指导思政课教育教学的重要理念，也是马克思主义理论的基本品格。

一、因事而化——抓住学生事务，化解学生难题

所谓"因事而化"就是要求高校思政课适应性改革必须坚持以中国特色社会主义伟大事业作为教育人、感化人、激励人、鼓舞人的根本出发点。高校思政课适应性改革要求思政课堂从宏观和微观两个维度解析党和国家事业发展的新局面和新发展，将国家发展大势与学生个体困惑相结合，将学生的"小家"与社会的"大家"相结合。学生唯有真正认识和理解中国特色社会主义的历史意义、理论意义和现实意义，树立起对中国特色社会主义事业的道路自信、理论自信、制度自信、文化自信，方才具备成为其合格建设者和可靠接班人的政治素质。

二、因时而进——找准工作时机，谋求长远发展

所谓"因时而进"就是要求高校思政课适应性改革必须具备与时俱进、因时制宜的基本品格。习近平总书记曾说过："每一代青年都有自己的际遇和机缘，都要在自己所处的时代条件下谋划人生、创造历史。"②数字化时代，学生可以借助互联网获取多元化知识和爆炸性信息，在拓阔视野的同时也带来不同的文化和思想输入，这为思政课教育教学带来了更多挑战。思政课教师要引导学生树立正确的三观，提高对网络信息的筛选和甄别能力，明时代之所需，解时代之所困，立

---

① 习近平：《习近平谈治国理政》第二卷，外文出版社2017年版，第378页。
② 习近平：《习近平谈治国理政》第一卷，外文出版社2014年版，第167页。

时代之潮头。

三、因势而新——把握工作情势，因势而利导之

所谓"因势而新"就是要求高校思政课适应性改革必须将社会发展的新趋势新变化作为创新体制机制的重要契机。思政课教师在了解中国和世界发展大势，并深入研究把握国家发展的阶段性特征的基础上，推动思政课内容和形式同步创新。首先，思政课堂要深刻把握国内外发展"大势"。在全球化背景下，中国和世界的发展紧密相连。一方面，中国正处于中华民族伟大复兴的关键时期，在经济、社会、科技创新等诸多领域取得显著成就的同时，也面临着经济结构调整、环境保护、社会治理等一系列挑战和困难。另一方面，当今世界正迎来新一轮"百年未有之大变局"，国际形势纷繁复杂，世界格局深刻调整，多元文化思潮涌动。高校思政课堂不能空洞地喊口号、生硬地堆砌政治术语，而要根植于深厚扎实的学术研究，为学生揭示中国道路的大趋势大逻辑。其次，思政课堂要准确把握思政课改革面临的"小势"，即新时代学生所处的环境及特点。高校学生逐渐成为网络空间的"原住民"和"生力军"，海量的良莠不齐的碎片化信息充斥着网络空间，功利性的、非理性的、消极的言论在网络空间中不断冲击和消解主流意识形态的影响力。因此，高校思想政治工作更需要将互联网视为引导学生思想、凝聚政治共识的"主战场"，善于从中华传统文化深厚底蕴之中、中国革命与建设的艰苦探索之中、改革开放的伟大实践之中不断发掘具有解释力、说服力、感召力的动员资源，并与互联网新技术、新方法、新思维深度融合。

第三章 思政课改革创新的内在要求

第一节 因时而进，适应时代新要求

一、思政课要适应国际局势变化和国内发展的需要

当前国际局势正在发生深刻变化，党和国家各项事业的发展过程中所面临的形势也日渐复杂。高校思政课适应性改革就要求思政课教师在全面把握中华民族伟大复兴战略全局和世界百年未有之大变局的基础上，在社会主义现代化新征程中来培养学生。

思政课要立足于世界百年未有之大变局。进入21世纪以来，人类社会发生了很大变化，特别是中国特色社会主义进入新时代以来，我国面临的国际形势发生了巨大变化。当前新一轮科技革命和产业变革蓄势待发，信息化和智能化快速演进。发达国家的政治、经济、社会、文化等矛盾日益加剧，面对发达国家尤其是美国对全球和地区事务的积极作用下降和负面冲击上升，广大新兴经济体和发展中国家主动或被动地增强战略自主。新冠疫情的暴发对世界各国经济、教育和科技等领域都形成了巨大的挑战。俄乌冲突作为冷战以来最大的国际事件，对于世界格局的演进和全球秩序的变化产生了深远影响。

对于思政课来说，适应国际局势的变化就要更加关注关键领域、聚焦重点问题。国际局势愈是动荡变化，思政课愈需要深刻把握世界发展形势，准确分析我国外部环境的基本特征，引导学生冷静客观地看待现实，看清趋势，坚定信心。在新时代，意识形态工作面临着诸多挑战和机遇。随着信息技术的快速发展，意识形态的传播渠道呈现多样化趋势，但同时也面临着信息泛滥、谣言传播等方面的挑战。思政课教师肩负着传播党的理论和思想的重要使命，在意识形态领域斗

争复杂激烈的今天，必须不断提高自己的政治素养和业务能力，增强对意识形态工作的判断力及敏锐度，防范并抵御各种错误思想和思潮侵蚀学生，维护意识形态领域安全。同时，思政课教师还需要不断创新意识形态工作方法，加强对意识形态阵地的管理，提高意识形态工作的实效性及针对性。思政课教师在进行思想政治教育工作的同时，也要加强对意识形态工作的研究，深入了解意识形态工作的规律和特点，不断探索创新方式方法，当好高校意识形态阵地的守卫者。

思政课要立足于中华民族伟大复兴战略全局。当前我们已经开启了迈向全面建成社会主义现代化强国的第二个百年奋斗目标新征程。新时代十年，我国坚持和发展中国特色社会主义，推动物质文明、政治文明、精神文明、社会文明、生态文明协调发展，不断丰富和发展人类文明新形态，迈上全面建设社会主义现代化国家新征程。中国共产党和中国人民正信心百倍推进中华民族从站起来、富起来到强起来的伟大飞跃，实现中华民族伟大复兴进入了不可逆转的历史进程，科学社会主义在21世纪的中国焕发出新的蓬勃生机。

思政课要适应国内发展的变化，推进思政课改革创新，推进思政课内涵式、高质量发展。首先，要推进思政课高质量发展。思政课可以把美丽中国、健康中国、精准扶贫、抗疫斗争、举办冬奥等国家社会大事、民生幸福要事转化为教学素材，引导学生了解并感悟这些伟大成就，让思政课与时代同行、与实践共进、与学生思想共振。其次，思政课要树立"大思政课"理念。"大思政课"是课堂理论教学与社会实践的有机统一，思政课不仅要在课堂上讲，还要放在社会生活中讲。思政课场域可以从学校小课堂延伸至社会大课堂，让学生在具体的实践中认识社会、锤炼意志、积累经验，把爱国情和报国行融入实现中华民族伟大复兴的奋斗之中。

二、思政课要适应党的创新理论武装不断推进的需要

2024年5月，新时代学校思政课建设推进会上，习近平总书记对学校思政课建设作出重要指示，要坚持以习近平新时代中国特色社会主义思想为指导，全面贯彻党的教育方针，落实立德树人根本任务，

坚持思政课建设与党的创新理论武装同步推进。①中国共产党的百年奋斗史是一部不断推进理论创新、强化理论武装的历史。能否用马克思主义理论武装青年学生,关系到党的事业后继有人这一根本大计。用科学理论武装青年,就是运用宣传、教育等方法,使青年一代掌握马克思主义的思想武器,获得运用马克思主义立场观点方法认识问题、分析问题、解决问题的能力,从而将理论的力量不断转化为认识和改造世界的强大物质力量。

坚持思政课适应党的创新理论武装不断推进的需要,是用习近平新时代中国特色社会主义思想统一思想、统一意志、统一行动的必然要求。坚持用马克思主义中国化时代化最新成果武装全党、教育群众,是我们党在革命、建设和改革实践中不断总结经验、深化认识的结果。习近平新时代中国特色社会主义思想是当代中国马克思主义、21世纪马克思主义,是新时代新征程上各条战线、各个领域的行动指南。思政课关系到党的教育事业的根本属性,关系到党的路线方针政策在学校的贯彻落实。办好思政课,就是要做好马克思主义理论教育工作。坚持思政课适应党的创新理论武装不断推进的需要,是指引广大青年学生的成长方向,增进他们对党的创新理论的认同的重要途径。

坚持思政课适应党的创新理论武装不断推进的需要,是新时代思政课建设展现新气象实现新作为的需要。党的十八大以来,我国立德树人事业取得历史性成就。新时代新征程上,思政课要回答好"培养什么人、怎样培养人、为谁培养人"这个根本问题。习近平总书记在中央党校中青年干部培训班开班式上发表重要讲话强调:"理论上清醒,政治上才能坚定。坚定的理想信念,必须建立在对马克思主义的深刻理解之上,建立在对历史规律的深刻把握之上。"②只有坚持思政课适应党的创新理论武装不断推进的需要,才能够引导学生把握时代

---

① 冯秀军:《坚持思政课建设与党的创新理论武装同步推进》,《光明日报》2024年5月21日,https://epaper.gmw.cn/gmrb/html/2024-05/21/nw.D110000gmrb_20240521_1-15.htm,访问日期:2024年10月31日。

② 新华社:《习近平在中央党校(国家行政学院)中青年干部培训班开班式上发表重要讲话》,2020年10月10日,https://www.gov.cn/xinwen/2020-10/10/content_5550258.htm,访问日期:2024年5月31日。

大势，成长为担当民族复兴重任的时代新人。

坚持思政课适应党的创新理论武装不断推进的需要，思政课教师要将党的创新理论作为思政课的重要内容。思政课作为学校思想政治教育的主渠道和主阵地，承担着培养社会主义建设者和接班人的重要任务。思政课教师可以通过将党的创新理论融入思政课教学，来帮助学生树立正确的世界观、人生观和价值观，提高学生的思想政治素质和道德水平。同时，引导学生深入理解党的历史、理论和政策，增强学生的政治认同感、历史使命感和社会责任感。

坚持思政课适应党的创新理论武装不断推进的需要，思政课教师要把党的创新理论作为思政课程的思想统领。思政课建设作为一个系统工程，必然需要统领。高校思政课适应性改革要求思政课教师加强对习近平新时代中国特色社会主义思想概论课程的吸收与转化，在一些重大理论问题上需要下真功夫，向学生讲准、讲深、讲透党的创新理论。思政课教师要将习近平新时代中国特色社会主义思想中的立场、观点和方法作为理解各门思想政治理论课的基础和前提，把握各门思政课程的内在逻辑，将党的创新理论作为教学的核心内容，通过专题讲授、案例分析、讨论交流等多种形式，引导学生深入学习和领会。

三、思政课要适应培育时代新人根本任务的需要

随着时代变化，环境发生深刻改变，人的思想也随之发生变化，需要相应的思想政治教育方法与之相适应。思政课建设应着眼于时代新人的培育。培育时代新人事关思政课立德树人根本任务的落实。思想政治教育从根本上说是做人的工作，就是要塑造人，成就人。习近平总书记在党的二十大报告中指出："广大青年要坚定不移听党话、跟党走，怀抱梦想又脚踏实地，敢想敢为又善作善成，立志做有理想、敢担当、能吃苦、肯奋斗的新时代好青年，让青春在全面建设社会主义现代化国家的火热实践中绽放绚丽之花。"[①] 思政课要围绕时代背景，

---

① 习近平：《高举中国特色社会主义伟大旗帜 为全面建设社会主义现代化国家而团结奋斗——在中国共产党第二十次全国代表大会上的报告》，《国务院公报》2022年第30号，https://www.gov.cn/gongbao/content/2022/content_5722378.htm，访问日期：2024年10月31日。

服务于国家战略方向，塑造培育时代新人优势。因此，思政课要围绕学生、服务于学生，青少年正处在思想形成的关键时期，需要正确引导和精心栽培，思政课要在这一方面发挥主导作用，真正成为思想引领的"主阵地"。培育时代新人事关党和国家事业发展全局。时代新人是同时代同频共进的一代，我们需要培养一批又一批立足于时代潮流背景下，拥护中国共产党的领导、拥护社会主义制度，立志于为民族复兴伟业、为中国特色社会主义事业奋斗终身的有为人才。

坚持思政课要适应培育时代新人根本任务的需要，紧跟党的理论创新，以党的理论创新武装头脑、指导实践。时代在进步，问题在变化，党的理论也在不断回应时代问题下创新发展，这也就意味着思政课的内容也是不断发展的。新时代思政课建设要坚持同党的理论创新同步推进，持续完善教育教学内容，要以习近平新时代中国特色社会主义思想为内核，让理论走进心里，落在实处，塑造时代新人强大理论基础，泰然自若回答现实问题。

坚持思政课要适应培育时代新人根本任务的需要，在整体教学活动中做"青年朋友的知心人、青年工作的热心人、青年群众的引路人"[1]。处在新时代的学生精神需求更加迫切，成长发展过程面临更多压力，同时也处在人生发展过程中的"拔节孕穗期"。这就要求思想政治工作者们在思想教育工作中关注到新时代青年所面临的困境，要发挥思想政治教育的情感载体作用，提供丰富的思想政治教育内容，也要做到真心真情地服务学生，鼓励学生大胆创新尝试，还要做到引领学生正确认识中国式现代化道路，正确认识中国式现代化道路的内在逻辑、实践要求，使学生主动投身到中国式现代化道路建设中去，勇担时代重任，展现时代新人风范。

---

[1] 习近平:《高举中国特色社会主义伟大旗帜 为全面建设社会主义现代化国家而团结奋斗——在中国共产党第二十次全国代表大会上的报告》,《国务院公报》2022年第30号, https://www.gov.cn/gongbao/content/2022/content_5722378.htm，访问日期：2024年10月31日。

第二节　因人而异，适应学生新特点

"因材施教"的教育智慧历经孔子、程颐、朱熹、张载、王守仁、颜元等思想家的阐释，形成了丰富的思想意涵并传承至今。在倡导个性化教育的今天，更是当今思政课亟需继承和弘扬的教育理念。习近平总书记指出："思想政治教育理论课要坚持在改进中加强，提升思想政治教育亲和力和针对性，满足学生成长发展需求和期待"[①]。高校思政教育提升精准性是习近平总书记关于教育的重要论述与古代先贤智慧相融合的产物，体现出充分尊重学生个体差异的特点。区别于传统思政课大水漫灌式的教育教学，精准思政需要"精准滴灌"。为了解学生个体差异，做到精准教学，要做到以下三点。

一、时代性维度：思政课要适应新时代大学生成长与发展新特点

以传统的说教式、灌输式教学方法进行思政教育，显然已不符合新时代大学生成长与发展的新特点。思政课要精准把握新时代青年群体特征，与时俱进，适应新时代大学生成长与发展新特点，做出时代性改变。

新时代大学生成长与发展新特点具体表现为以下三方面。

（一）新时代中国青年对于党和国家具有强烈信心

改革开放四十多年来，我国取得巨大成就，发生翻天覆地的变化。进入新时代，我国前所未有地靠近世界舞台中央，前所未有地接近实现中华民族伟大复兴的"中国梦"的目标。迎着改革开放的春风，"90后""00后"不仅是改革的亲历者，亦是受益者，不仅目睹了祖国翻天覆地的变化，同时享受着发展所带来的机遇，他们普遍拥有更好的教育环境，拥有更多实现梦想的平台。这一过程中诸多举世瞩目的成就

---

① 新华社：《习近平：把思想政治工作贯穿教育教学全过程》，2016年12月8日，http://www.xinhuanet.com/politics/2016-12/08/c_1120082577.htm，访问日期：2024年6月21日。

同样激发青年对党和国家的信心，例如，国内生产总值稳居世界第二、国产航母一艘艘下水、嫦娥六号成功带回世界上第一份月球背面土壤等，使得新时代青年由衷地认同中国特色社会主义道路，在推进强国建设、民族复兴伟业中自觉展现青春作为、彰显青春风采、贡献青春力量。

（二）互联网高度融入新时代中国青年的工作和生活

新时代青年赶上了经济全球化、网络化、信息化、智能化的列车，高速发展的时代为新时代青年搭建了全新的舞台。网络化、信息化、智能化贯穿青年生活的方方面面，"有网生活"已经是青年生活的常态，网络是青年学习、娱乐、工作、生活的基本平台。基于互联网技术创新、全球参与、互联互通等方面的优势，青年既可以在互联网中进行学习，增长知识、开拓视野，也可以在互联网上进行交友互动、日常购物、娱乐休闲。网络平台滋生了许许多多新的产业，增加了许多就业、创业的机会，形成了新就业形态，同时也面临着许多巨大的风险。据统计，我国新就业形态劳动者已经达到8400万人，其中主要是"80后""90后"。新兴的就业群体链条同时串联起新型消费模式、新的职业架构，它们相互促进、相互依存，成为促进我国经济社会发展的重要力量。

（三）新时代中国青年具有开阔的国际视野和强烈的人类命运共同体意识

新时代青年处在经济全球化浪潮中，这一发展趋势使得世界各国之间交往更加密切，文化逐渐交融。新时代青年更加具有开阔的国际视野，且看问题更加全面、灵活。随着我国经济的不断提升，人民生活日益改善，很多家庭选择送孩子出国留学、外出旅游，参与国际贸易，国际化同样也逐渐成为青年的生活方式。近年来我国实施"一带一路"倡议，创办亚洲基础设施投资银行、倡导构建人类命运共同体，中国不断与世界各国形成合作，展现开放包容姿态，国际影响力越来越大。中国青年不断亮相世界，参与全球治理，在国际舞台上展现出新形象。

同时，新时代部分大学生存在以下四方面心理特征。

（一）空虚浮躁心态

根据马斯洛的需求层次理论来看，人的生存、安全等基本需要满足之后，归属与爱、尊重、自我实现等更高层次的需要就会产生。随着我国经济的不断提升，生活质量的不断改善，物质层面的需要不断被满足，青年产生了强烈的自我需要，渴望自我价值的实现。然而，受到西方个人主义价值观以及物质主义消费观的影响，一些青年产生了空虚浮躁的心态。有的青年通过购买大量的奢侈品牌来彰显自己的社会地位，被过度消费陷阱裹挟。有的青年盲目崇拜明星，将出名定为自己的人生目标，甚至不惜放弃一些道德品质。还有些青年总想着不奋斗，通过一些虚幻的幻想追求"一夜暴富"，缺乏奋斗精神。

（二）焦虑心态

新时代青年生活在物质较为发达的年代，相对于父辈他们拥有更好的生活条件，可以接受更好的教育，拥有更多的发展机会和空间，具有强烈的成就意识。他们对于自己的学习、工作、生活有更高的追求。高追求就会有高期望，高期望既是动力同样是压力。青年在追求个人价值实现的过程中总会定下自己想要的目标，但往往目标过高，期望达不到，结果不符合期望时，内心形成反差感，"内卷"的抱怨和"躺平"的心态就会同时出现。这恰恰反映出了在生活中的焦虑心态。

（三）自恋心态

自恋心态就是指一切随着自己的感受，一切以自我为中心来享乐、满足，将快乐作为人生的终极价值的心态。一些青年的自恋心态主要表现为两个方面：一是强烈的自我欣赏和自我表现欲。这一类人认为自己在各个方面都胜过别人一筹，喜欢炫耀自己和出风头，尽可能吸引别人，渴望得到他人的赞美。二是强调个性和特点。一些青年追求别具一格与众不同的感觉，他们通过各种方式来展现自己的与众不同以及独特性格，注重随心所欲和打破常规。

（四）孤独寂寞心态

许多青年为了更好的发展前景和空间不得不选择背井离乡，他们或外出求学或外出谋生，离开熟悉的社会关系来到陌生的城市。城市快节奏的生活方式给予青年更好的机会和机遇外，同时也使得他们面临更大的物质和精神压力，归属感和安全感降低。在竞争压力下，人与人之间的交往越来越表面化和形式化，人际关系冷漠、疏离，人与人产生了信任危机，从而使得部分青年退缩到网络空间中去，渴望在网络空间中得到情感满足与归属感。事实上这增加了青年的孤独冷漠心态，使得人越来越脱离社会，人成了网络化抽象的人。这种状况导致一些青年远离现实，变得更加孤僻。

国家的未来寄托于青年，希望在于青年。思政课要能够适应新时代大学生对党和国家具有强烈信心、互联网高度融入工作及生活、具有开阔的国际视野和强烈的人类命运共同体意识三方面新特点，还要能够应对新时代大学生空虚浮躁、焦虑、自恋、孤独寂寞四方面心理状态，贴近青年，吻合时代。

二、阶段性维度：思政课要适应不同学段大学生成长与发展新特点

不同学段的大学生有不同的认知水平，思政教育应根据学生成长规律，结合不同阶段学生的认知特点，采用与之相适应的授课内容与方式。在各学段现有课程内容基础上，重点强化习近平新时代中国特色社会主义思想进课程进教材，培育和践行社会主义核心价值观，推进法治教育、劳动教育、总体国家安全观教育、公共卫生安全教育等方面内容的全面融入，实现学段纵向衔接、逐层递进，学科、课程协同联动①。

针对专科、本科、研究生三阶段学习特点和成长需求分别开展思政教学工作。

（一）针对专科职业教育培育应用型人才的要求

专科职业教育的目标是实用化，是在完成中等教育的基础上培养出一批具有高等专业知识，而又有一定专业技术和技能的人才，其知识的讲授是以能用为度，实用为本。当前，我国职业教育进入提质培

---

① 中共中央宣传部、教育部：《中共中央宣传部 教育部关于印发〈新时代学校思想政治理论课改革创新实施方案〉的通知》，教材〔2020〕6号，https://www.gov.cn/zhengce/zhengceku/2021-01/01/content_5576046.htm，访问日期：2024年6月21日。

优、增值赋能新阶段，职业教育围绕技术技能型人才培养这一核心职能。思政课应立足于专科职业教育的目标夯实指导作用。首先，优化课程体系，注重思政课程的系统性和连贯性，打破思政课的孤立状态，将其与职业教育内容深度融合，形成一个相互支撑、相互渗透、紧密联系的课程体系，使学生在接受专业技能、职业教育的过程中多维度把握思政理论，深化学习的深度和广度。其次，密切关注国家重大政策、社会热点问题和国际形势的变化，从专科职业教育特点出发，引用思政资源，打造符合教育特点、紧跟时代潮流的思政课程。最后，注重思政课程的实践应用性。结合职业教育的特点，引领开展与职业技能相适应的实践活动，突出专业性、特殊性且注重思政课程的普遍引领性。

（二）针对本科教育重在夯实理论知识基础的要求

本科教育以建设高质量教育为目标，重在夯实学生的学科基础与能力素养，坚持素质教育与专业教育并重，促进科学素养与人文素养协同发展。本科教育阶段应更加注重综合素质的培养与提升，并锚定目标，精准运用思政资源。在本科阶段学生拥有更充分的时间来学习理解思想政治教育各内容的内涵与外延。本科教育突出素质培养，让思想政治教育参与素质培养的各环节，使其成为素质教育的基底，形成正确的世界观、人生观、价值观，以有助于立德树人目标的实现。

（三）针对研究生教育培育研究型人才的要求

研究生培养是高等教育的一项重要任务，旨在培养掌握现代科学技术，以适应社会发展需要的高层次人才。研究生阶段，更突出研究性、针对性。这也就要求在研究生思政教学过程中要突出研究生的专业特点，研究生的思政内容要更加注重时代性且突出实践性。研究生培养要想取得更好的成效，不仅仅需要为研究生提供更好的物质条件，同时要注重思想政治教育资源，搭建起良好的人文环境和精神氛围。研究生思政教育要从整体出发，融入研究生的学习生涯，提供适合研究生成长发展需求的理念和价值观，培养德才兼备的高层次人才。

三、差异性维度：思政课要适应不同类型大学生成长与发展新特点

思政课要适应不同类型大学生成长与发展新特点，要尊重不同专业、不同地域、不同家庭背景、不同成长经历大学生的个体差异性，采取相应的思政教育方法，以达到因材施教、精准思政之目的。

尊重大学生个体差异，从个体差异中归纳出普遍性特征。根据这种普遍性特征，裁剪出有效的思政教育方案，做到精准思政。可以从教育内容、教育方法、教育过程等几个方面进行定制。在教育内容上，对性格内向敏感的学生增加心理健康、性格塑造、自信心提振等内容；对意志力薄弱的学生，侧重加强马克思主义基本原理和社会主义核心价值观教育等内容，帮助其坚定是非选择。在教育方法上，根据学生受教偏好，采取线上与线下、正式与非正式教育手段相融合的模式，提供多样化教学选择。在教育过程中，对自主学习能力稍弱，认知范围不广、程度不深的学生，除日常课程教学外，还需注重"滴灌"式教育，打破时空区隔进行长效培育。

根据不同类型大学生成长与发展新特点，制定出有效的思想政治教育方案，做到精准思政，同时活化思政教育课堂与方式方法。还要建立起精准思政的评估体系，通过对精准思政的教育内容、形式、过程、效果等进行评价，我们能够及时把握教育方案是否得当，教育教学实施过程是否科学有效，实施效果是否达到预期，进而持续推进完善思政课教育教学的适应性维度。

第三编

内蒙古高校思政课改革适应性维度评估指标体系的构建

2022年4月25日，习近平总书记在中国人民大学考察时指出："思想政治理论课能否在立德树人中发挥应有作用，关键看重视不重视、适应不适应、做得好不好。思政课的本质是讲道理，要注重方式方法，把道理讲深、讲透、讲活，老师要用心教，学生要用心悟，达到沟通心灵、启智润心、激扬斗志。"[①] 其中，"适应不适应"是习近平总书记提出的思政课能否在立德树人中发挥应有作用的三大命题之一。思政课适应性的研究与提升最终是为了让高校思政课的开设更加符合社会与时代要求，利用思政教育培养一批能够带动社会变迁、推动时代进步的新时代青年。对思政课改革适应性维度的评估将完善思政课与社会间的互动沟通通道，借助思政课适应性评估调研来收集学生、社会、教师对思政课建设的要求与期待，自觉将之整合进思政课改革的行动之中，促使"人民满意、社会满意、国家满意"的思政课早日建成。所以，高校思政课适应性问题的解决有助于思政课建设更适应时代、社会的要求，促使思政课与社会时代间互适与共生、互促与共进局面的形成。

依托内蒙古自治区高等学校哲学社会科学研究重大项目"内蒙古高校思政课改革的适应性维度及优化路径"，以及内蒙古农业大学马克思主义学院的团队支持，2022—2024年，笔者深入内蒙古大学、内蒙古师范大学、内蒙古财经大学、内蒙古农业大学等十所高校的马克思主义学院展开调研工作，收集可靠数据和资料。内容包括高校思政课适应性的理论构成要素、思政课适应性的理论解释模型、适应性维度评估方法、适应性维度评估指标、解决适应性问题的成功经验，根据调研、访谈资料进行文本分析，提炼影响内蒙古高校思政课改革适应性维度的关键要素。

---

① 新华社：《习近平在中国人民大学考察时强调：坚持党的领导传承红色基因扎根中国大地走出一条建设中国特色世界一流大学新路》，《人民日报》2022年4月26日。

第一章 内蒙古高校思政课改革适应性维度评估指标体系的构建原则与依据

当前，思政课改革创新在探索中不断凝练聚焦，在实践中不断加强改进，建设理念日益明确、基本格局深刻变化，但是具体教学目标、教学内容、教学过程和教学方法上还存在一些与新时代不相适应的地方。现有高校思政课改革评估体系单一且未考虑内蒙古地区特性，已经无法满足对内蒙古高校思政课增强适应性的需求。因此，构建内蒙古高校思政课改革适应性维度评估指标体系，并在应用指标体系的基础上提出针对性的政策建议，以评促改、以评促建、以评促管，以期在实践经验的基础上丰富西部地区高校思政课改革理论研究。

第一节 指标体系构建的意义

一、有利于坚持问题导向推进思政课适应性改革

推进思政课适应性改革动力来自问题导向，目标基于问题导向，进程根据问题导向，评价依据问题导向。在评价体系过程中发现问题，整理问题，提出解决问题的方式方法，关键是要在纷乱复杂的问题中找到主要矛盾，以主要矛盾的解决带动思政课适应性改革过程中次要矛盾的解决。思想政治教育的课程是以马克思主义理论为指导现实马克思主义理论教育理念的实践，在适应性改革的过程中自觉运用马克思主义世界观的理论方法，体现出在适应性改革过程中马克思主义真理的实践。以问题为导向指标体系的构建精细化显示出思想政治教育各环节中的各个内容，指标体系的建立更易显示其中所存在的问题，能够更清晰地辨析各部分、各内容之间的联系。指标体系的建立根本

是为了指导解决问题。把回答并指导解决问题作为理论的根本任务表明了在适应性改革过程中对理论和实践关系的正确把握，表明了对理论功能的正确定位。指标体系的构建从根本上显示出要回答和解决在思政课适应性改革过程中的什么问题，并且在过程中以理论创新指导实践创新。指标体系的构建能够清晰地指出思政课适应性改革所面临的问题复杂程度和解决问题的艰难程度，促进改革理论思维能力的提升。

二、有利于育人目标的精准实施

指标体系的构建彰显思政课立德树人的育人总目标。从教学目标确定、教学内容设计、教学过程实践、教学方法改革四个一般性指标到动因适应、内容适应、实施主体适应、方式方法适应四个适应性指标，建构"一体化"思想政治理论课程育人指标体系。体系性思维是实现全方位育人的应有之义。人才培养一定是育人和育才相统一的过程，而育人是本。人无德不立，育人的根本在于立德。这是人才培养的辩证法。指标体系的构建从育人目标、育人体系两个方面着手。

（一）就育人目标来说，"以德为先"贯穿高校思政课育人体系全过程

"德才兼备、以德为先"是人才选拔的根本标准。因为德是首要、是方向，一个人只有明大德、守公德、严私德，其才方能用得其所。青年时期是学习成长的"黄金期"，也是"引风气之先的社会力量。一个民族的文明素养很大程度上体现在青年一代的道德水准和精神风貌上"。[①]因此，人才培养体系要将"立德"作为青年成长成才的先决条件，作为思想政治理论课教学工作"全过程"的一条主线。高校思想政治理论课内涵式"一体化"育人体系，涉及学科体系、教学体系、教材体系、管理体系等，而贯穿其中的是思想政治工作体系。高校思想政治理论课要充分发挥"立德树人"主渠道的政治引领作用和价值导向作用，将"以德为先"贯穿思想政治理论课育人体系的全过程。

---

① 新华社：《习近平同各界优秀青年代表座谈时的讲话》，《人民日报》2013 年 5 月 5 日。

（二）就育人体系来说，注重总体性和阶段性培养

从总体性来看，指标体系的构建涉及思政课教学内容，思政课教学内容本就是一体化的，是起到价值引领作用的，思政课各门课程相互递进，环环相扣，从理论到实践无一不是对学生世界观、人生观、价值观的塑造。从课程内容整体性进行考量，有利于发现在思政活动过程中，哪一门课、哪一个环节出现了问题，以问题为导向，完善育人体系，从思政课整体出发贯穿教育教学全过程，最终实现教育教学的闭环，完成思政任务。从阶段性来看，指标体系的构建分为专、本、硕、博四个阶段，每一阶段的学生所面临的问题不同，学制设置的任务不同，这就需要注重阶段化的思政教育。由指标体系的分析，剖析出不同学段的学生迫切所需，填补其空缺，设置相应的思政内容，以结合其学段特殊性，完成精准思政的任务，使思政课不再死板，化成灵活多用的育人手段。总之，指标体系的构建，有利于思政教育的精准目标实施，坚持系统思维、问题导向，精准化完成思想政治教育的任务。

三、有利于发挥思想政治理论课的协同效应

协同配合是治理理念的核心要义，是立德树人的核心要旨。高校思想政治理论课内涵式发展需要内部和外部要素的协同整合，才能发挥思想政治理论课主渠道的价值引领作用，实现立德树人的育人目标。立足高校思想政治理论课的内容和形式，结合青年学生的需求和期待，实现协同育人的教育目标，具体应从三个方面着手。

（一）高校思想政治理论课要与其他各类课程"同向同行"

办好高校思想政治理论课需要坚持系统思维，强调"其他各门课都要守好一段渠、种好责任田，使各类课程与思想政治理论课同向同行，形成协同效应"[1]。坚持整体思维，将高校思想政治理论课的育人目标和价值内容融合到其他课程的教学体系之中，形成课程思政"一

---

[1] 新华社：《习近平在全国高校思想政治工作会议上强调：把思想政治工作贯穿教学全过程 开创我国高等教育事业发展新局面》，《人民日报》2016年12月9日。

体化"建设，真正实现"全程全员全方位"育人新格局，将"思政之盐，融入课程大餐"，促使高校思想政治理论课"有滋有味"。

（二）高校思想政治理论课要与中小学学科德育"深度融合"

人才成长在不同的阶段有不同的需求与期待，真正让高校思想政治理论课进"学生头脑"，需要中小学学科德育资源的支撑与推进，以中小学核心素养的发展，助力高校大学生理想信念的形成。

（三）高校思想政治理论课需要各部门与全社会"协同配合"

办好高校思想政治理论课需要高校各部门与全社会的"合力"，形成学校"有关部门各负其责、全社会协同配合的工作格局"，充分发挥各自职能，调动学校和社会资源，实现社会现实生活与思政课堂教学的"虚实结合"，实现全员共建思政"大课堂"，让学生在思政课学习中"真学真懂真信"。

四、有利于以评促改、以评促建、以评促管推动思政课适应性改革高质量发展

指标体系的构建以科学的、系统的、直观的形式展现出思政课适应性改革的方向，有利于审核评估，推动思政课适应性改革高质量发展。"以评促改"就是以评估工作推动思政课改革创新，适时地更新教育方式方法，优化思政课课程结构、体系，指标体系的构建以其指导性，明确地指出在思政课评估过程中的内容、原则，使思政课改革创新更加富有动力，为高质量思想政治教育工作优质高效运行保驾护航。"以评促建"就是以评估工作带动思政课建设与发展，大力加强思政教育建设，其中包括思政教师队伍建设、优质课程建设、教学管理建设、教风建设、学风建设等，指标体系的构建以其突出的问题性导向更加直观地表现出思政课建设的落脚点，为进一步提高思政课教学工作水平提供保障。"以评促管"就是以评估工作带动思想政治教育工作管理的规范化、制度化、科学化、信息化，指标体系的构建以其系统性为思想政治教育管理工作提供意见，提高思想政治教育队伍的素质和管理水平，保障教学工作优质高效。

第二节　指标体系构建的原则

一、构建评估指标体系的立足点：习近平关于高校思政课改革适应性问题的相关论述、高校思政课改革的适应性内涵及要求

高校思想政治理论课是实现铸魂育人的关键课程，是坚持守正创新、坚定理想信念、实现立德树人根本任务的"新高地"。立德树人是中国特色教育现代化的根本要求，是思想政治教育的核心任务，符合人才培养的根本规律，符合社会发展进步趋势，既是中国特色社会主义教育的神圣使命和根本任务，也是党和国家对思政课履行时代使命的政治性要求。对指标体系的构建需要站在立德树人是思政课适应性改革的根本任务的角度，以此为指标体系构建的根基，注重系统性、科学性、完整性。首先，从立德树人的价值意蕴看，"立德"是"树人"的基础，"树人"是立德的目标，指标体系的整体构建围绕这一双向运动，加强回应"培养什么人"目标任务，观照"怎样培养人"方法指引，彰显"为谁培养人"宗旨使命。同时为凝聚各方教学力量提供参考，形成各方合力，完成根本任务。其次，从高校思政课锚定立德树人的基本要求看，聚焦完成高校思政课适应性改革中立德树人的根本任务。我国社会主义制度的性质决定了高校思政课是落实立德树人根本任务的关键课程，需要在目标、内容、原则、方式、评价等方面锚定这一根本任务，以顺利实现高校思政课适应性改革。指标体系构建对育人目标、育人内容、育人方式、育人评价都有严密的架构体系，多层次、多方面奠定立德树人的基础内容。

高校思想政治理论课要"用新时代中国特色社会主义思想铸魂育人"[①]，为青年阶段坚定理想信念，树立崇高理想，补足精神之"钙"，

[①] 新华社：《习近平主持召开学校思想政治理论课教师座谈会强调：用新时代中国特色社会主义思想铸魂育人贯彻党的教育方针落实立德树人根本任务》，《人民日报》2019年3月19日。

避免得"软骨病"。在教育内容上要重点把握"要教什么"关键问题。从教育教学内容适应的维度出发，高校思政课增强适应性重点在于旗帜鲜明地用习近平新时代中国特色社会主义思想铸魂育人，铸魂育人是高校思政课增强适应性的主线主题。将铸魂育人的主题主线融入指标体系的构建使其具有思政课建设根本任务的内涵，着力促进育人内容的提质增效，用马克思主义及其中国化理论成果铸就大学生拥护中国共产党领导、信仰共产主义、建设中国特色社会主义的理想信念，把他们培养成让党放心、强国有我、不负时代的建设者和接班人。

高校思想政治理论课要将"爱国情、强国志、报国情"融入立德树人的全过程，要与青年学生的社会现实生活相契合，满足其需求与期待，让"真理滋润人心"。在教育教学实施主体上，突出思政课教师的主体育人作用，加强教师队伍建设同时在教育教学方式方法上注重时代性与时俱进的教学方法，创新教育教学、育人方式方法。教师是思政课适应性改革的主体力量。指标体系的构建可以直观地显示出应该从什么方面入手去发挥思政课的育人作用，同时对教师队伍的建设给予指导，发挥教师队伍建设的作用。在教育教学方法上"把道理讲深、讲透、讲活"是高校思政课适应性改革的主旨要义。思政课的本质在于讲好马克思主义科学原理，用习近平新时代中国特色社会主义思想铸魂育人，通过教学方式方法创新，有效引导学生真学、真懂、真信、真用。

适应是思政课发挥作用的基础。适应性要求本就体现在马克思主义基本原理中，例如，生产关系一定要适应生产力发展的要求，上层建筑一定要适应经济基础的要求。这表明思政课适应性内涵就在适应社会发展之规律。思政课是一种社会现象、社会活动和社会事业，具有社会性属性，其同时属于上层建筑的一部分，思政课是一种推动人的全面社会化的重要课程，也是一种社会性的思想实践活动，它始终是在一定社会历史条件下和社会环境中进行的，受一定历史条件和社会环境的制约。为了适应处于动态发展中的现实社会以及随之不断变化的人的思想，思政课建设必须主动适应社会，必须要自我调适以推进自身的社会化进程。思政课增强适应性对其建设与发展具有重要意义。在多方面必然需要协同调动、密切关注社会需要和社会条件的发展变化，把握社会对思政课的最新需求，把握党和国家对思政课的最新要求。马克思主义认为，人是对象化的存在。思政课作为人的实践活动，其本质力量是体现在对象化身上的，这就要求思政课要适应对象化的需要，在对立统一中把握适应性内涵及要求。从意识形态建设的需要层面看，思政课要把好意识形态阵地，主动适应新时代意识形态建设的新形势新要求，维护和巩固马克思主义的指导性地位。从适应社会共识需要层面看，在多元价值观中树立起社会主义核心价值观的引领地位，思政课要主动在社会主义核心价值观培育和践行中发挥教育引导、实践养成功能，引导学生将社会主义核心价值观内化于心，凝聚社会共识。

二、构建评估指标体系的科学性原则：以人为本原则、过程性原则、可操作性原则

《高等学校思想政治理论课建设标准》中涵盖教师、教材、课程、专业、质量评价、学生、保障机制等教学要素，[1]由此，对思政课改革适应性维度的评估应该是多维度、多层次的系统。可以借鉴专业评估和课程评估的理念与方法，如：以学为中心、产出导向和持续改进的理念；内部评估和外部评估相结合的评估方式；评估的工具理性和价值理性相统一，既关注结果也关注过程等。但思政课改革适应性维度评估又有其特殊性，思政课适应性评估体现本书第三编的思政课适应性的理论解释模型，评估的方法上定性为主定量为辅。本书思政课改革适应性维度评估指标体系构建将凸显以人为本、过程性、可操作性原则。

（一）评估指标设计遵循以人为本原则

以人为本是新时代加强和改进高校思政政治教育工作的内在要

---

[1] 教育部：《教育部关于印发〈高等学校思想政治理论课建设标准（2021年本）〉的通知》，教社科〔2021〕2号，https://www.gov.cn/zhengce/zhengceku/2021-12/18/content_5661767.htm，访问日期：2024年6月13日。

求。"思想政治教育说到底是做人的工作，必须坚持以人为本。"①以人为本原则不仅要求思政课自身要坚持以人为本，而且在思政课评估指标体系的建构方面也要坚持以人为本。思政课教师在思政课教学过程中发挥着不可替代的主体作用，思政课教师能够对学生的思想形成、道德养成、品格塑造起到正向的引领与导向作用，帮助学生树立正确的世界观、人生观、价值观，形成科学的理想信仰、价值立场和人生方向，因此在思想政治教育过程中要充分发挥教师的主体性作用。学生是思政课教学对象，一切评估活动都应围绕学生展开。1952年，卡尔·罗杰斯率先提出了"以学生为中心"的课堂评价原则，引发了课堂教学从理念、内容、形式到方法、管理和评价的深刻变革。高校思政课评估应秉持"以学生为中心"的原则，并将其作为开展思政课课堂教学活动的依据。"以学生为中心"并不是表明教师课堂地位和作用的下降，而是高校思政课教师课堂评价理念、评价方法和评价手段的科学转变。二者的有机结合是打造高效思政课的必要途径。

（二）评估指标设计遵循过程性原则

在传统结果性评价的基础上，强化过程性评价和系统评估。将适应性问题的具象表现投射到教育教学全过程各环节，以评促改、以评促建，不断优化教学要素设置，增进其科学性和合理性。首先，"教育目标"的适应性表现为目标设置的政治性与方向性是否正确，价值导向是否鲜明，不同阶段的教育目标之间是否具有衔接贯通性与层次递进性，是否符合学生的认知心理特征；其次，"教学内容"的适应性表现为教育内容设置是否充分依据教育目标的要求进行全面深化与展开，是否彰显出时代性特征，展现出各层次教育内容的渐进性与衔接性；再次，"教育主体"的适应性表现为主体选择是否有效把好了"政治观、师德观、专业观"；最后，"教学方法"的评价是一种前提监测，其适应性表现为方法设置是否具有学生的针对性、时代的综合性以及恰当的主题引导性作用。

---

① 胡锦涛：《在全国宣传思想工作会议上的讲话》，《人民日报》2003年12月8日。

（三）评估指标体系遵循可操作性原则

评估指标要明确具体，能够为高校思政课教师、思政课教育教学管理者和负责人提供具体的改进意见和建议。可操作性原则要求在保证指标体系完整、客观的基础上，尽可能使其易于操作。首先，如果评估指标体系太过烦琐复杂，可能会造成调研对象参与积极性不高、问卷回收质量较低的问题。其次，如果评估指标设计过于模糊、指向性不明、针对性不强，将难以得到有价值的评估结果，无法反映出影响思政课教学活动的制约因素。再次，评估指标体系应便于定量化处理，为后文模糊综合评估研究做铺垫，有助于将定性评价与定量评估有效结合。最后，评估指标体系要基于具体的高校思政课教学环境、教学水平以及师生素质等情况，不能脱离实际。

第三节 指标体系选取的理论依据

一、"动因适应"指标选取的理论依据

"动因适应"分为总体性目标和阶段性目标进行综合考量。首先，思想政治理论课承担着为党育人、为国育才的重要使命，其总体性目标是在马克思主义的指导下培养符合社会主义道德的人才。[1]"以人为本"是贯穿高校思政课教育教学全过程的基本原则，是衡量高校思政课教学全过程能否贯彻立德树人根本任务的一项重要指标。[2]习近平总书记在全国高校思想政治工作会议上的讲话中指出："思想政治工作从根本上说是做人的工作，必须围绕学生、关照学生、服务学生，不断提高学生思想水平、政治觉悟、道德品质、文化素养，让学生成

---

[1] 新华社：《为党育人 为国育才——以习近平同志为核心的党中央关心学校思想政治工作纪实》，2021年12月1日，https://www.gov.cn/xinwen/2021-12/01/content_5655303.htm，访问日期：2024年6月13日。

[2] 习近平：《思政课是落实立德树人根本任务的关键课程》，《求是》2020年第17期，https://www.ccps.gov.cn/xtt/202008/t20200831_143010.shtml，访问日期：2024年6月13日。

为德才兼备、全面发展的人才。"①高校思想政治教育工作的开展之所以把"以人为本"的理念作为一项重要原则，其原因就在于两个方面的必然性：一是外在之"必然"，也即坚持"以人为本"是高校思政教育现状与目标的必然要求；二是内在之"必然"，也就是说"以人为本"理念符合高校思政教育工作的客观规律。②只有深刻理解了"以人为本"这一工作实施背景的内在涵义，高校才能够在思政教育工作的实际开展中做到始终坚持正确方向。③其次，高校思政课体系改革要着眼于教学目标的贯通和衔接问题。本、硕、博三个阶段的教学目标是总体性育人目标在不同阶段的呈现。④本科阶段重在培养学生形成正确的政治品格，形成对主流意识形态的初步认知；硕士阶段则是促进学生人生观、世界观和价值观的完备定型，坚定马克思主义信仰和共产主义信念；博士阶段则是通过对思政课的学习从而具备较高的马克思主义理论水平与素养，投身于社会现实问题的解决。⑤不同阶段思政课在教学目标显现出粘连性和统一性，按照系统思维的整体性原则统筹各个学段的目标，使之形成思想观点一致、理论层次衔接递进、内容配合补充的局面，从而达到"整合大于其他各个组成部分之和"的良好效果。⑥

二、"内容适应"指标选取的理论依据

首先，高校思政课教师需要在教学思维上实现突破与创新。2019年3月18日，习近平总书记在学校思想政治理论课教师座谈会上对新时代思政课教师提出了"政治要强、情怀要深、思维要新、视野要

---

① 新华社：《习近平在全国高校思想政治工作会议上强调：把思想政治工作贯穿教育教学全过程开创我国高等教育事业发展新局面》，《人民日报》2016年12月9日01版，http://dangjian.people.com.cn/GB/n1/2016/1209/c117092-28936962.html?ivk_sa=1024609w，访问日期：2024年6月13日。

② 龙娅：《以人为本指导下大学生思想政治教育方法研究》，《教育现代化》2016年第32期。

③ 魏胜：《论人本理念与高校思想政治教育》，《社会科学家》2005年第3期。

④ 江大伟、张煜：《新时代高校本硕博思政课教学有机衔接的内在逻辑与发展路径》，《高校马克思主义理论研究》2024年第1期。

⑤ 王新燕：《运用系统观念加强思想政治理论课教学》，《思想教育研究》2023年第6期。

⑥ 舒永久、李林玲：《试论整体性视角下高校思政课教学实效问题与路径选择》，《黑龙江高教研究》2019年第5期。

广、自律要严、人格要正"的"六要"素养要求。①其中,"思维要新"在"六要"素养要求中居于重要地位,是新时代高校思政课教师必备的职业素养中的重要方面。其次,中国化时代化的马克思主义融入高校思政课的程度是对高校思政课进行评估的一项重要指标。思政课教师应在思政课程中发挥中国化时代化的马克思主义的思想引领功能,以新思想引领新时代青年立足所处时代谋划人生,以时代为坐标来衡量"自我在'他人'、'国家'以及'社会'中的位置"。②习近平总书记指出:"政治引导是思政课的基本功能。"③思政课不仅要对学生传授专业理论知识,更要对学生进行政治教育。思政课教师要抓住"政"的内涵和要义,确保思政课发挥跟政党、讲政治、明政理、重政教、固政权的作用,真正成为高校落实立德树人根本任务的核心课程。④高校是对学生进行道德教育的主阵地,其中思政课是主渠道。习近平总书记指出:"思政课的本质是讲道理,要注重方式方法,把道理讲深、讲透、讲活"⑤,为高校思政课大力提升道德涵养类内容提出了明确要求。文化镌刻着民族的历史变迁,蕴含着民族持存、兴盛、创新的精神命脉。高校思政课要充分发挥文化陶冶功能,主动承担坚定文化自信的教学任务,⑥积极探索切实有效的方法和路径。思政教育和心理健康教育相辅相成、互相促进,充分发挥思政教育的心理引导功能,将心理健康教育内容融入思政教育中,促进大学生心理健康发展,是实现思政教育和心理健康教育深度融合、推动人才培养工作提质增效的

---

① 新华社:《习近平主持召开学校思想政治理论课教师座谈会强调:用新时代中国特色社会主义思想铸魂育人贯彻党的教育方针落实立德树人根本任务》,《人民日报》2019年3月9日。

② 田丽、赵婀娜、黄超、吴月:《大思政课,总书记心中的一件大事》,《人民日报》2022年5月22日。

③ 习近平:《思政课是落实立德树人根本任务的关键课程》,《求是》2020年第17期,https://www.ccps.gov.cn/xtt/202008/t20200831_143010.shtml,访问日期:2024年6月13日。

④ 滕明政:《思政课坚持政治性和学理性相统一的内在机理及实现路径》,《北京教育(德育)》2024年第4期。

⑤ 新华社:《习近平在中国人民大学考察时强调:坚持党的领导传承红色基因扎根中国大地 走出一条建设中国特色世界一流大学新路》,《人民日报》2022年4月26日。

⑥ 赵思琪、许敏、杨文丽:《新媒体时代高校思政课培育大学生文化自信路径研究》,《才智》2024年第17期。

有效路径。①最后，思政课教学内容要做到与时俱进，必须适应新时代新要求，将马克思主义中国化的最新成果全方位嵌入课程思政、课堂教学、现实素材和实践探索，把习近平新时代中国特色社会主义思想中的"十个明确""十四个坚持""十三个方面成就""六个必须坚持"等主要内容讲得深入人心，②不断丰富思政课思想内涵。

三、"实施主体适应"指标选取的理论依据

思政课教学实施主体能力高低是评估高校思政课适应性的重要维度。首先，习近平总书记在学校思想政治理论课教师座谈会上对思想政治理论课教师提出了"视野要广"的要求，数字胜任力要广成为判断思想政治理论课教师综合素质的重要标准。③其次，思政课教师还要"会讲课"。思政课教师要克服教学形式较单一、时效性较弱、感召力较小的问题，能够有效利用教学素材，采用有效表达方式，进行话语输出。④再次，思政课作为落实立德树人根本任务的关键课程，首先要培养学生的政治认同素养，政治素养是新时代高校思政课教师的首要素养。⑤最后，思政课教师要把提炼教学经验作为一种自觉追求，以提升专业能力和素养。⑥提高思想政治理论课教育教学质量和水平，关键在教师，要充分发挥教师的主导作用，提高马克思主义理论的说服力和感染力。⑦

---

① 李志凯：《以思政教育促进大学生心理健康发展的策略》，《中学政治教学参考》2024年第3期。

② 新华社：《全面贯彻党的教育方针，落实立德树人根本任务》，《人民日报》2024年5月12日02版，https://politics.people.com.cn/n1/2024/0512/c1001-40234031.html.，访问日期：2024年6月13日。

③《中国青年报》：《深入贯彻落实习近平总书记在学校思想政治理论课教师座谈会上的重要讲话精神》，《中国青年报》2024年3月19日。

④ 岳梅、王旭东：《思政课教师何以提高讲课水平》，《中学政治教学参考》2023年第36期。

⑤ 单茹茹：《新时代思政课教师政治素养提升的培训体系构建》，《思想政治课教学》2024年第2期。

⑥ 康维铎：《思政课教师教学经验提炼的主要路径》，《中学政治教学参考》2021年第29期。

⑦ 教育部思想政治工作司：《加强和改进大学生思想政治教育重要文献选编》，知识产权出版社2015年版，第295页。

四、"方式方法适应"指标选取的理论依据

思政课教学过程中方式方法的运用是对高校思政课进行评估的一项重要指标。首先,马克思主义是办好新时代思政课的根基,背离马克思主义,思政课就会失去灵魂、走偏方向。新时代的思政课必须坚持马克思主义指导地位不动摇。新时代思政课"问题导向"破解的方法,可以从马克思主义理论中追溯本源。①其次,"情景展示"在高校思政课教学中具有不可替代的重要作用,是推动思政课内容以可视化、互动化、沉浸式的形式呈现,提高思政课教学效果和促进学生全面发展的有效途径。②2019年,习近平总书记在学校思想政治理论课教师座谈会上肯定了"情景展示"在思政课堂发挥的重要作用,指出这种教学方式充分发挥了学生的主体参与性。③再次,在思政课教学过程中,注重案例教学,选择、设计和运用个人和社会生活中的典型实例,鼓励学生探究、讨论,提高学生的价值辨析能力,对思政课教学具有重要作用。④最后,思政课充分运用数字技术加快推进高校思政课教学改革创新是时代所向、大势所趋,也是实现思政课高质量发展的必然要求。思政课教师应通过构建更加科学的思政课堂,有效破解数字技术工具属性与思政课教学价值理性的矛盾、数字技术碎片化传播特点与学生系统化学习需求的矛盾等数字时代高校思政课教学面临的现实难题。⑤

---

① 贾晋霞:《思政课"问题导向"的马克思主义理论来源探究》,《山西经济管理干部学院学报》2023年第4期。
② 张丹琛:《高校思政课教学中的"情景展示"》,《北京教育(德育)》2024年第3期。
③ 习近平:《思政课是落实立德树人根本任务的关键课程》,《求是》2020年第17期,https://www.ccps.gov.cn/xtt/202008/t20200831_143010.shtml,访问日期:2024年6月13日。
④ 赵丹:《思政课案例教学的一体化实践》,《思想政治课教学》2024年第4期。
⑤ 张丹凤:《数字技术融入思政课教学的现实审思与实践进路》,《宁波工程学院学报》2023年第4期。

第二章 内蒙古高校思政课改革适应性维度评估指标体系的设计思路

构建内蒙古高校思政课改革适应性维度评估指标体系，应改变以往针对教学模式对比、教学效果评分的阶段性评估，依据内蒙古地区地理位置、政治要素、经济社会状况等因素，探索从高校思政课适应性改革目标、教学内容、实施主体、教学方法等方面建立健全全过程式评估体系。

第一节 构建指标体系的具体思路

内蒙古高校思政课改革适应性维度评估指标体系的建立以"习近平总书记关于高校思政课适应性改革的相关论述"和"高校思政课适应性改革的内涵及要求"作为立足点，以"以人为本、过程性、可操作性"为科学原则，参考思政课改革一般性评估标准及学术界对高校思政课改革适应性问题研究的概况性总结，在 11 位专家学者两轮德尔菲法的实际指导下，初步形成了内蒙古高校思政课改革适应性维度评估指标体系（如图 3-1）。考虑到指标内容的规范性、科学性，尽量避免主观判断对某一些指标形成的不合理认知，需要运用隶属度分析法对指标体系的初步分类进行科学性验证，目的是将一些隶属度不高的指标剔除，将一些分类不合理的指标重新归类，确保每一级、每一类、每一个指标的正确。之后，再结合层次分析法、CRITIC 法，得到每个指标对应的综合性权重，然后对特征进行数据预处理，综合确定高校思政课改革适应性维度应考察的重点指标。

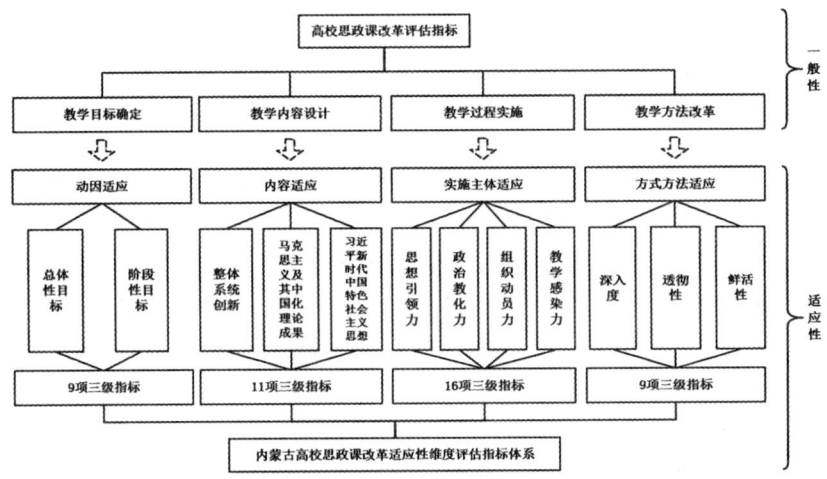

图 3-1　内蒙古高校思政课改革适应性维度评估指标体系层次结构模型

第二节　初步选取指标及赋权

对于内蒙古高校思政课改革适应性维度评估指标体系维度的选取，遵循学界对高校思政课改革适应性问题的解读，从"动因适应、内容适应、实施主体适应、方式方法适应"四方面设计、选取具体的二级指标。动因适应评估主要考虑高校思政课改革的总体性目标和阶段性目标两方面；内容适应评估着重考虑整体系统创新、马克思主义及其中国化理论成果、习近平新时代中国特色社会主义思想三方面；实施主体适应评估主要考量思政课教师的思想引领力、政治教化力、组织动员力、教学感染力四方面；方式方法适应评估主要从深入度、透彻性、鲜活性三方面综合评价。

本书运用专家打分法，也称德尔菲法，主要通过匿名的形式广泛征询专家意见，经多次讨论修改，直到专家意见分歧最小化，最后加权处理后求和，综合整理专家意见，对发展指标体系给出一个全面的、系统的评估方案。具体到本书中，德尔菲法主要用于指标选取与赋权。11 位专家学者来自内蒙古地区各高校党委、行政领导、马院院长及思政课教师等相关主体，年龄、学历、专业分布都比较均衡，同时对高校思政课改革较为熟悉。他们以匿名、开放、反复的形式，相互交流意见，经过3轮讨论后意见趋向一致。在此基础上，总结观点得出结论，初步提出三类内蒙古高校思政课改革适应性维度发展评估的初选指标框架。

一、内蒙古高校思政课改革适应性维度评估指标体系初选与要素分析

评估指标体系的构建能够以直观化、系统化的表现形式反映内蒙古高校思政课改革适应性维度中存在的问题，能够以针对性举措解决问题。评估指标体系的初选是在大量的指标中选择具体指标进行调研测算，结合要素分析保证评估具有广度和深度。

（一）高校思政课改革适应性维度评估指标体系初选

表 3-1　内蒙古高校思政课改革适应性维度评估指标体系初选

一级指标	二级指标	三级指标
动因适应	总体性目标	育人目标贯彻以人为本
		育人内容落实以人为本
		育人原则贯彻以人为本
		育人方式贯彻以人为本
		评判标准结合以人为本
	阶段性目标	本科低年级教学目标设置情况
		本科高年级教学目标设置情况
		硕士阶段教学目标设置情况
		博士阶段教学目标设置情况
内容适应	整体系统创新	纵向延展情况
		横向交流情况
	马克思主义及其中国化理论成果	思想引领类内容
		政治教育类内容
		道德涵育类内容
		文化陶冶类内容
		心理建设类内容

续表

一级指标	二级指标	三级指标
内容适应	习近平新时代中国特色社会主义思想	进入课程情况
		融入课堂情况
		深入现实情况
		嵌入实践情况
实施主体适应	思想引领力	数字胜任力
		专业理论素养
		工作经验
		知识讲授能力
	政治教化力	政治素养
		国内外时政信息收集能力
	组织动员力	教学经验
		教学活动规划能力
		教学活动组织能力
		教学活动总结能力
	教学感染力	教学目标设定能力
		课堂组织管理能力
		教学情境设计能力
		教学内容改进能力
		教学成效预判能力
		教学问题反思能力
方式方法适应	深入度	马克思主义理论科学内涵的认识程度
		科学规律的认识程度
	透彻性	回归学生自身程度
		回归时代要求程度
		回归现实本身程度
	鲜活性	教学情景创设情况
		教学案例运用情况
		教学技术创新情况
		教学场域拓展情况

（二）高校思政课改革适应性维度评估指标体系要素分析

对高校思政课改革适应性维度评估指标体系的构建既要依据习近平总书记关于高校思政课适应性改革的相关论述和高校思政课适应性改革的内涵及要求，也要结合地区因素，立足内蒙古高校现实情况。

本指标体系中的动因适应具体从总体性目标和阶段性目标方面考察育人目标、内容、原则、方式等方面情况，以及本科低年级、本科高年级、硕士生阶段、博士生阶段教学目标设置的情况。内容适应指标体系包含整体系统创新情况、马克思主义及其中国化理论成果以及习近平新时代中国特色社会主义思想三方面内容。实施主体适应指标体系包括教师的思想引领力、政治教化力、组织动员力和教学感染力四方面内容。方式方法适应指标体系是从思政课的深入度、透彻性和鲜活性等方面进行评估。

综上所述，内蒙古高校思政课改革适应性维度评估指标体系设计以遵循习近平总书记关于高校思政课适应性改革的相关论述和高校思政课适应性改革的内涵及要求为前提，从多方面设置高校思政课适应性改革评估指标体系。

第三章 内蒙古高校思政课改革适应性维度评估指标体系的筛选

第一节 问卷预调研及信效度检验

首先，适应性维度评估指标体系构建调查问卷设计完成后，进入预调研阶段。以便利性、可靠性为前提，选取内蒙古大学、内蒙古农业大学、内蒙古师范大学三所高校共发放 50 份问卷，进行问卷预调研，包括对问卷的理解、难易程度、是否有歧义、最合适的表达等内容，发表意见交流，在此基础上，对评估问题进行了语句表达的调整。

其次，进行问卷正态分布检验。采用 SPSS 24.0 软件对调研数据的正态分布和信效度进行检验，测量问卷调研数据的科学性、合理性。偏度（Skewness）是研究数据分布对称的统计量。通过对偏度系数的测量，我们能够判定数据分布的不对称程度以及方向。峰度（Kurtosis）是研究数据分布陡峭或平滑的统计量。通过对峰度系数的测量，我们能够判定数据分布相对于正态分布而言是更陡峭还是平缓。根据 SPSS 24.0 数据分析软件中偏度与峰度值，对内蒙古高校思政课改革适应性维度评估问卷中所有设置的变量进行正态分布检验，其偏度值基本范围|-0.026—1.923|<2，峰度值|-1.64—1.816|<2。峰度值和偏度值间有正有负，且其绝对值基本小于 2，因此可以判定内蒙古高校思政课改革适应性维度评估问卷设计及数据分别满足正态分布规律。

最后，进行问卷数据信效度检验。信度分析是检测测量结果可靠性、一致性、准确性的重要方式，常用克隆巴赫值进行检验。克隆巴赫系数（Cronbach's alpha 或 Cronbach's α）是一个统计量，是指量表所有可能的项目划分方法得到的折半信度系数的平均值。通常 Cronbach's α 值在 0 和 1 之间。如果 Cronbach's α 系数不超过 0.6，一般认为内部一致信度不足；达到 0.6-0.8 时表示量表具有相当的信度，达到 0.8-0.9 时说明量表信度非常好。据此，通过计算克隆巴赫值来筛选内蒙古高校思政课改革适应性维度评估量表，系数为 0.915，表明量表内部数据一致性极好、信度极好。

效度分析指尺度量表达到测量指标准确程度的分析，通常可用 KMO 值来进行检验。KMO（Kaiser-Meyer-Olkin）检验统计量是用于比较变量间简单相关系数和偏相关系数的指标。KMO 统计量取值在 0 和 1 之间。当所有变量间的简单相关系数平方和远远大于偏相关系数平方和时，KMO 值接近 1。KMO 值越接近于 1，意味着变量间的相关性越强，原有变量越适合作因子分析。KMO 度量标准：0.9 以上表示非常适合；0.8 表示适合；0.7 表示一般；0.6 表示不太适合；0.5 以下表示极不适合。根据 KMO 计算方法，问卷的 KMO 值均大于 0.9（如表 3-2），变量之间具有较强的相关性、效度较高。

表 3-2　内蒙古高校思政课改革适应性维度评估指标体系构建调查问卷 KMO 和 Bartlett 的检验

KMO 值		0.948
Bartlett 球形度检验	近似卡方	10382.426
	df	923
	p 值	0.000

第二节　评估指标体系的筛选

评估指标体系筛选运用隶属度分析法，检验每一个三级指标是否应该属于对应的二级指标体系，如若不属于，是应该删除还是要调整集合。本书利用隶属度分析法检验三级指标的归属情况，从而科学地确定每一个二级指标集合中的三级指标。设内蒙古高校思政课改革适应性维度评估指标体系集合为 Y={Y1，Y2，Y3，……，Yn}，集合 Y 中的每一个 Yi 的取值范围都在 0-1 之间，值越大越接近 1 隶属度越高，且属于该集合。反之，值越小越接近 0 隶属度越低。本书通过对表 3-1"内蒙古高校思政课改革适应性维度评估指标体系初选"的三级指标进行隶属度分析。根据隶属度公式：

$$R = \frac{P_1 + 0.75P_2 + 0.5P_3 + 0.25P_4 + 0*P_5}{P} \quad (3\text{-}1)$$

P_1 到 P_5 的重要性逐渐降低，计算结果如表 3-3 所示。

表 3-3　内蒙古高校思政课改革适应性维度评估指标体系筛选

三级指标	隶属度	排序
教学内容改进能力	0.972	1
回归现实本身程度	0.971	2
嵌入实践情况	0.957	3
科学规律的认识程度	0.957	4
教学经验	0.943	5
融入课堂情况	0.937	6
教学情境设计能力	0.932	7
数字胜任力	0.929	8
心理建设类内容	0.926	9
教学目标设定能力	0.922	10
本科高年级教学目标设置情况	0.920	11
本科低年级教学目标设置情况	0.917	12
道德涵育类内容	0.915	13
教学技术创新情况	0.913	14
纵向延展情况	0.911	15
教学活动规划能力	0.907	16
马克思主义理论科学内涵的认识程度	0.899	17
横向交流情况	0.895	18
教学案例运用情况	0.894	19
专业理论素养	0.892	20
教学活动组织能力	0.892	21
教学活动总结能力	0.891	22
教学情景创设情况	0.876	23

续表

三级指标	隶属度	排序
硕士阶段教学目标设置情况	0.875	24
知识讲授能力	0.874	25
政治教育类内容	0.873	26
博士阶段教学目标设置情况	0.871	27
育人原则贯彻以人为本	0.862	28
进入课程情况	0.835	29
课堂组织管理能力	0.826	30
育人目标贯彻以人为本	0.822	31
教学场域拓展情况	0.822	32
国内外时政信息收集能力	0.819	33
教学问题反思能力	0.817	34
评判标准结合以人为本	0.800	35
深入现实情况	0.798	36
育人内容落实以人为本	0.762	37
回归学生自身程度	0.758	38
思想引领类内容	0.753	39
政治素养	0.752	40
工作经验	0.620	41
教学成效预判能力	0.578	42
回归时代要求程度	0.452	43
育人方式贯彻以人为本	0.422	44
文化陶冶类内容	0.378	45

运用隶属度分析法对问卷中45个三级指标进行分析，发现有5个指标隶属度值小于0.75。由于三级指标数量较多，所以将隶属度0.75及以下的三级指标剔除。同时，将"本科低年级教学目标设置情况"与"本科高年级教学目标设置情况"改为"本科阶段教学目标设置情况"，见表3-3加粗区域。

第四章 内蒙古高校思政课改革适应性维度评估指标体系权重的确定

第一节 指标主观权重计算——层次分析法（AHP法）

层次分析法是由萨蒂（Satty）提出的一种定性和定量相结合的层次化分析方法，属于主观赋权法的一种。为了确定指标权重，它首先确定同一层次的指标对上层指标的影响程度，再根据对上层指标的影响程度对同层各指标进行两两比较，根据1-9标度法建立判断矩阵，对判断矩阵进行求解，计算指标的权重。

一、构建层次结构

表3-4 内蒙古高校思政课改革适应性维度评估指标体系

一级指标	二级指标	三级指标
动因适应 X1	总体性目标 Y1	育人目标贯彻以人为本 Z1
		育人内容落实以人为本 Z2
		育人原则贯彻以人为本 Z3
		评判标准结合以人为本 Z4
	阶段性目标 Y2	本科阶段教学目标设置情况 Z5
		硕士阶段教学目标设置情况 Z6
		博士阶段教学目标设置情况 Z7
内容适应 X2	整体系统创新 Y3	纵向延展情况 Z8
		横向交流情况 Z9
	马克思主义及其中国化理论成果 Y4	思想引领类内容 Z10
		政治教育类内容 Z11
		道德涵育类内容 Z12
		心理建设类内容 Z13

续表

一级指标	二级指标	三级指标
内容适应 X2	习近平新时代中国特色社会主义思想 Y5	进入课程情况 Z14
		融入课堂情况 Z15
		深入现实情况 Z16
		嵌入实践情况 Z17
实施主体适应 X3	思想引领力 Y6	数字胜任力 Z18
		专业理论素养 Z19
		知识讲授能力 Z20
	政治教化力 Y7	政治素养 Z21
		国内外时政信息收集能力 Z22
	组织动员力 Y8	教学经验 Z23
		教学活动规划能力 Z24
		教学活动组织能力 Z25
		教学活动总结能力 Z26
	教学感染力 Y9	教学目标设定能力 Z27
		课堂组织管理能力 Z28
		教学情境设计能力 Z29
		教学内容改进能力 Z30
		教学问题反思能力 Z31
方式方法适应 X4	深入度 Y10	马克思主义理论科学内涵的认识程度 Z32
		科学规律的认识程度 Z33
	透彻性 Y11	回归学生自身程度 Z34
		回归现实本身程度 Z35
	鲜活性 Y12	教学情景创设情况 Z36
		教学案例运用情况 Z37
		教学技术创新情况 Z38
		教学场域拓展情况 Z39

二、构建判断矩阵

本书运用层次分析法将影响研究目标的各类因素分解成不同层

次，对每一层因素的重要性进行比较，并将比较结果转化为权重数值的决策方法。①权重的确定是构建发展指标体系中最重要的一部分，层次分析法将先分解每一层次的各要素，要素之间对比后再确定综合权重系数。本书通过构建内蒙古高校思政课改革适应性维度评估指标体系，按照层次分析法的分析步骤，将一级指标——动因适应、内容适应、实施主体适应、方式方法适应作为目标层；准则层包含总体性目标、阶段性目标、整体系统创新、马克思主义及其中国化理论成果、习近平新时代中国特色社会主义思想、思想引领力、政治教化力、组织动员力、教学感染力、深入度、透彻性、鲜活性 12 个指标；方案层经过隶属度分析后最终确定为 39 个指标。之后，通过建立两两判断矩阵，对同一层级中的对应指标进行两两比较，构造判断矩阵，计算确定各指标权重。同一层次下，两个指标要素有重要程度的区分，为了准确判断，将同一层次中任意两个要素的重要程度进行量化处理。需应用 1-9 级比例评估标尺（如表 3-5 所示）。

表 3-5　1-9 级比例评估标尺

标度 a_{ij}	含义
1	表示 i 因素与 j 因素相比较，i 因素与 j 因素同等重要。
3	表示 i 因素与 j 因素相比较，i 因素比 j 因素略微重要。
5	表示 i 因素与 j 因素相比较，i 因素比 j 因素明显重要。
7	表示 i 因素与 j 因素相比较，i 因素比 j 因素强烈重要。
9	表示 i 因素与 j 因素相比较，i 因素比 j 因素极端重要。
2，4，6，8	以上两级相邻判断的中间值。
倒数	表示 i 因素与 j 因素相比较，j 因素比 i 因素重要性标度。

资料来源：汪应洛：《系统工程（第 3 版）》，机械工业出版社 2003 年版，第 130-140 页。

（1）指标相对权重的计算

设判断矩阵为 $A = (a_{ij})_{n \times n}$，计算该判断矩阵特征向量的方根的具体计算步骤如下：

计算判断矩阵每一行元素的乘积：

---

① 汪应洛：《系统工程（第 3 版）》，机械工业出版社 2003 年版，第 130-140 页。

$$m_i = \prod_{j=1}^{n} a_{ij}, \quad i = 1, 2, 3, \ldots, n \quad (3\text{-}2)$$

计算 m_i 的 n 次方根：

$$\overline{w_i} = \sqrt[n]{m_i}, \quad i = 1, 2, 3, \ldots, n \quad (3\text{-}3)$$

将向量 $\overline{w} = (\overline{w_1}, \overline{w_2}, \ldots \overline{w_n})^T$ 进行归一化处理：

$$w_i = \overline{w_i} / \sum_{k=1}^{n} \overline{w_k}, \quad i = 1, 2, 3, \ldots, n \quad (3\text{-}4)$$

计算最大特征根：

$$\lambda_{max} = \frac{1}{n} \sum_{i=1}^{n} \frac{(Aw)_i}{w_i} \quad (3\text{-}5)$$

其中，$(Aw)_i$ 表示向量 Aw 的第 i 个分量。

（2）一致性检验

判断矩阵的一致性指标：

$$CI = (\lambda_{max} - n) / (n - 1) \quad (3\text{-}6)$$

其中，λ_{max} 为判断矩阵的最大特征值，n 为判断矩阵的阶数。

要想保证判断矩阵所得出的结论合理，需要对判断矩阵的一致性进行检验。检验公式为：

$$CR = CI / RI \quad (3\text{-}7)$$

其中，RI 为一致性随机指标，具体数值参见表 3-6。对于一致性比例，一般在 CR=0 时，可以称这个矩阵为一致性矩阵；当 CR＜0.1 时，认为这个矩阵是满意一致性矩阵；当 CR＞0.1 时，称这个矩阵不具有一致性。当判断矩阵具有满意的一致性时，λ_{max} 稍大于矩阵阶数 n，其余特征根接近于 0。

表 3-6 随机一致性指标

阶数	3	4	5	6	7	8	9	10	11
RI	0.52	0.89	1.12	1.26	1.36	1.41	1.46	1.49	1.52

（3）指标合成权重计算

依据目标层与准则层、准则层与方案层的相对权重数，加权求和合成总权重，还需要计算每个指标目标层的合成权重系数。

三、德尔菲法法及数据处理

本书设计了内蒙古高校思政课改革适应性维度评估指标体系权重调查问卷，参见表 3-7。

表 3-7 内蒙古高校思政课改革适应性维度评估指标体系指标权重调查问卷

M_1	N_1	N_2	N_3	N_4	N_5
N_1	1				
N_2		1			
N_3			1		
N_4				1	
N_5					1

通过对高校思政课改革同行专家、高校学者及智库专家等 11 位专业人士发放问卷，意在通过专业人士对指标权重的判断，得出各指标所占的权重。

通过对高校思政课改革领域的 11 名专家发放问卷，由他们对于指标权重进行判断，从而得到各指标所占的权重。以实施主体适应指标下的二级指标为例。

首先，将判断矩阵 A1 中的指标按行相乘获得一新向量。

$$m_1 = \prod_{j=1}^{4} a_{12} = 3 \times 5 \times 3 = 45 \quad (3-8)$$

同理可得 $m_2 = 1.998$；$m_3 = 0.033$；$m_4 = 0.333$。

其次，计算 m_i 的 n 次方根。

$$\overline{w_1} = \sqrt[4]{m_1} = 2.59 \quad (3-9)$$

同理可得 $\overline{w_2} = 1.189$；$\overline{w_3} = 0.426$；$\overline{w_4} = 0.76$。

再次，将向量 $\overline{w} = (\overline{w_1}, \overline{w_2}, \ldots \overline{w_n})^T$ 进行归一化处理，即 $W = (0.522, 0.239, 0.086, 0.153)^T$，这也是矩阵

$$A = \begin{Bmatrix} 1 & 3 & 5 & 3 \\ 0.333 & 1 & 2 & 3 \\ 0.2 & 0.5 & 1 & 0.333 \\ 0.333 & 0.333 & 3 & 1 \end{Bmatrix}$$

的特征向量，其最大特征根为

$$\lambda_{max} = \frac{1}{n}\sum_{i=1}^{n}\frac{(Aw)_i}{w_i} = \frac{1}{4}\sum_{i=1}^{4}\frac{(Aw)_4}{w4} = 4.249 \quad （3-10）$$

最后，对于矩阵 A 进行一致性检验。

$$CI = \frac{\lambda_{max} - n}{n-1} = \frac{4.249 - 4}{4} = 0.083$$

$$CR = \frac{CI}{RI} = \frac{0.083}{0.882} = 0.094 < 0.1 \quad （3-11）$$

由于 CR<0.1，说明准则层指标的判断矩阵通过了一致性检验，权重结果如表 3-8 所示。

表 3-8　实施主体适应指标判断矩阵及权重

M_1	X_1	X_2	X_3	X_4	w_i
X_1	1	3	5	3	0.522
X_2	0.333	1	2	3	0.239
X_3	0.2	0.5	1	0.333	0.086
X_4	0.333	0.333	3	1	0.153

四、指标权重的计算

接下来思政课改革适应性维度评估指标体系权重的计算过程不再赘述，主要是绘制出判断矩阵及权重，提取一致性比例及最大特征值分析。

（一）一级指标判断矩阵及权重

表 3-9　一级指标判断矩阵及权重

M	X_1	X_2	X_3	X_4	W_i
X_1	1	0.5	2	4	0.293
X_2	2	1	2	3	0.394
X_3	0.5	0.5	1	5	0.231
X_4	0.25	0.333	0.2	1	0.081

其中，一致性比例为 0.09，最大特征值 λ_{max} = 4.238。

（二）二级指标判断矩阵及权重

表 3-10　动因适应指标判断矩阵及权重

X_1	Y_1	Y_2	w_i
Y_1	1	1	0.5
Y_2	1	1	0.5

其中，一致性比例为 0.000，最大特征值 λ_{max} = 2。

表 3-11　内容适应判断矩阵及权重

X_2	Y_3	Y_4	Y_5	w_i
Y_3	1	0.5	0.2	0.129
Y_4	2	1	0.5	0.277
Y_5	5	2	1	0.595

其中，一致性比例为 0.005，最大特征值 λ_{max} = 3.006。

表 3-12　实施主体适应判断矩阵及权重

X_3	Y_6	Y_7	Y_8	Y_9	w_i
Y_6	1	4	0.5	0.333	0.199
Y_7	0.25	1	0.5	0.25	0.090
Y_8	2	2	1	0.333	0.219
Y_9	3	4	3	1	0.491

其中，一致性比例为 0.092，最大特征值 λ_{max} = 4.243。

表 3-13　方式方法适应判断矩阵及权重

X_4	Y_{10}	Y_{11}	Y_{12}	w_i
Y_{10}	1	3	0.5	0.309
Y_{11}	0.333	1	0.2	0.110
Y_{12}	2	5	1	0.581

其中，一致性比例为 0.004，最大特征值 λ_{max} = 3.004。

（三）三级指标判断矩阵及权重

表 3-14 总体性目标三级指标判断矩阵及权重

Y_1	Z_1	Z_2	Z_3	Z_4	w_i
Z_1	1	0.333	0.25	0.167	0.069
Z_2	3	1	0.5	0.5	0.191
Z_3	4	2	1	1	0.290
Z_4	6	2	2	2	0.450

其中，一致性比例为 0.017，最大特征值 λ_{max} = 4.046。

表 3-15 阶段性目标三级指标判断矩阵及权重

Y_2	Z_5	Z_6	Z_7	w_i
Z_5	1	5	2	0.582
Z_6	0.2	1	0.333	0.109
Z_7	0.5	3	1	0.309

其中，一致性比例为 0.004，最大特征值 λ_{max} = 3.004。

表 3-16 整体系统创新三级指标判断矩阵及权重

Y_3	Z_8	Z_9	w_i
Z_8	1	0.2	0.167
Z_9	5	1	0.833

其中，一致性比例为 0.000，最大特征值 λ_{max} = 2。

表 3-17 马克思主义及其中国化理论成果指标判断矩阵及权重

Y_4	Z_{10}	Z_{11}	Z_{12}	Z_{13}	w_i
Z_{10}	1	0.5	2	0.5	0.175
Z_{11}	2	1	5	2	0.436
Z_{12}	0.5	0.2	1	0.2	0.078
Z_{13}	2	0.5	5	1	0.311

其中，一致性比例为 0.025，最大特征值 λ_{max} = 4.067。

表 3-18 习近平新时代中国特色社会主义思想指标判断矩阵及权重

Y_5	Z_{14}	Z_{15}	Z_{16}	Z_{17}	w_i
Z_{14}	1	0.5	5	3	0.327
Z_{15}	2	1	5	2	0.414
Z_{16}	0.2	0.2	1	0.2	0.061
Z_{17}	0.333	0.5	5	1	0.199

其中，一致性比例为 0.081，最大特征值 λ_{max} = 4.215。

表 3-19 思想引领力三级指标判断矩阵及权重

Y_6	Z_{18}	Z_{19}	Z_{20}	w_i
Z_{18}	1	0.25	0.2	0.096
Z_{19}	4	1	0.333	0.284
Z_{20}	5	3	1	0.619

其中，一致性比例为 0.082，最大特征值 λ_{max} = 3.086。

表 3-20 政治教化力三级指标判断矩阵及权重

Y_7	Z_{21}	Z_{22}	w_i
Z_{21}	1	0.5	0.333
Z_{22}	2	1	0.667

其中，一致性比例为 0.000，最大特征值 λ_{max} = 2。

表 3-21 组织动员力三级指标判断矩阵及权重

Y_8	Z_{23}	Z_{24}	Z_{25}	Z_{26}	w_i
Z_{23}	1	2	3	5	0.457
Z_{24}	0.5	1	5	3	0.332
Z_{25}	0.333	0.2	1	2	0.127
Z_{26}	0.2	0.333	0.5	1	0.084

其中，一致性比例为 0.072，最大特征值 $\lambda_{max} = 4.191$。

表 3-22　教学感染力三级指标判断矩阵及权重

Y_9	Z_{27}	Z_{28}	Z_{29}	Z_{30}	Z_{31}	w_i
Z_{27}	1	2	0.333	0.5	0.5	0.122
Z_{28}	0.5	1	0.333	0.333	0.5	0.084
Z_{29}	3	3	1	2	5	0.399
Z_{30}	2	3	0.5	1	4	0.266
Z_{31}	2	2	0.2	0.25	1	0.131

其中，一致性比例为 0.070，最大特征值 $\lambda_{max} = 5.313$。

表 3-23　深入度三级指标判断矩阵及权重

Y_{10}	Z_{32}	Z_{33}	w_i
Z_{32}	1	0.2	0.167
Z_{33}	5	1	0.833

其中，一致性比例为 0.000，最大特征值 $\lambda_{max} = 2$。

表 3-24　透彻性三级指标判断矩阵及权重

Y_{11}	Z_{34}	Z_{35}	w_i
Z_{34}	1	0.333	0.25
Z_{35}	3	1	0.75

其中，一致性比例为 0.000，最大特征值 $\lambda_{max} = 2$。

表 3-25　鲜活性三级指标判断矩阵及权重

Y_{12}	Z_{36}	Z_{37}	Z_{38}	Z_{39}	w_i
Z_{36}	1	2	3	4	0.454
Z_{37}	0.5	1	5	2	0.300
Z_{38}	0.333	0.2	1	0.333	0.086
Z_{39}	0.25	0.5	3	1	0.160

其中，一致性比例为 0.083，最大特征值 $\lambda_{max} = 4.22$。

（四）指标合成权重

对所有指标进行总排序，如表 3-26 所示。

表 3-26　内蒙古高校思政课改革适应性维度评估指标体系及主观权重

一级指标	权重系数	二级指标	权重系数	三级指标	权重系数
动因适应	0.293	总体性目标	0.147	育人目标贯彻以人为本	0.010
				育人内容落实以人为本	0.028
				育人原则贯彻以人为本	0.042
				评判标准结合以人为本	0.066
		阶段性目标	0.147	本科阶段教学目标设置情况	0.085
				硕士阶段教学目标设置情况	0.016
				博士阶段教学目标设置情况	0.045
内容适应	0.394	整体系统创新	0.051	纵向延展情况	0.008
				横向交流情况	0.042
		马克思主义及其中国化理论成果	0.109	思想引领类内容	0.019
				政治教育类内容	0.048
				道德涵育类内容	0.009
				心理建设类内容	0.034
		习近平新时代中国特色社会主义思想	0.234	进入课程情况	0.077
				融入课堂情况	0.097
				深入现实情况	0.014
				嵌入实践情况	0.047
实施主体适应	0.231	思想引领力	0.046	数字胜任力	0.004
				专业理论素养	0.013
				知识讲授能力	0.028
		政治教化力	0.021	政治素养	0.007
				国内外时政信息收集能力	0.014
		组织动员力	0.051	教学经验	0.023
				教学活动规划能力	0.017
				教学活动组织能力	0.006
				教学活动总结能力	0.004

续表

一级指标	权重系数	二级指标	权重系数	三级指标	权重系数
实施主体适应	0.231	教学感染力	0.113	教学目标设定能力	0.014
				课堂组织管理能力	0.010
				教学情境设计能力	0.045
				教学内容改进能力	0.030
				教学问题反思能力	0.015
方式方法适应	0.081	深入度	0.025	马克思主义理论科学内涵的认识程度	0.004
				科学规律的认识程度	0.021
		透彻性	0.009	回归学生自身程度	0.002
				回归现实本身程度	0.007
		鲜活性	0.047	教学情景创设情况	0.021
				教学案例运用情况	0.014
				教学技术创新情况	0.004
				教学场域拓展情况	0.008

第二节 指标客观权重计算——CRITIC 法

CRITIC 法是 Diakoulaki 等提出的一种适用于确定指标客观权重的方法，该方法以指标内的变异大小和指标间的冲突性来综合确定指标的客观权重。变异大小表示同一指标取值差距的大小，用标准差来表现，该指标的取值标准差越大，表明反映的信息量越大，权重越大。冲突性指两个指标间的相关系数，相关系数越小，表明反映的信息量有相似性，权重越小。另一种客观赋权法——熵权法只考虑指标值的变异程度，而内蒙古高校思政课改革适应性维度评估各指标间具有一定的相关性，因此用 CRITIC 法确定客观权重更加科学。CRITIC 法相较于专家赋权法、层次分析法等主观赋权法更加客观，不易受人的主观认识影响。[①]而相对于变异系数法、熵值法等常用的客观赋权法，

---

① 万林、章国宝、陶杰：《基于 AHP-CRITIC 的电梯安全性评估》，《安全与环境学报》2017 年第 5 期。

CRITIC 法在考虑指标差异性的基础上，更注重指标之间的关联性。遵循全国性高校思政课改革评估体系，以"共同性、差异性、融合性"为立足点，以"可操作性、公平公正、合理性"为科学性原则，构建内蒙古高校思政课改革适应性维度评估指标体系，更适宜选择CRITIC法。

一、构建层次结构

本书构建内蒙古高校思政课改革适应性维度评估指标体系层次结构，参见图3-1。

二、构建标准化矩阵

本书通过构建内蒙古高校思政课改革适应性维度评估指标体系，按照 CRITIC 法的分析步骤，将一级指标设定为动因适应、内容适应、实施主体适应、方式方法适应，上述 4 个指标的评估需考虑下列几个因素：动因适应包括总体性目标、阶段性目标；内容适应包括整体系统创新、马克思主义及其中国化理论成果、习近平新时代中国特色社会主义思想；实施主体适应包括思想引领力、政治教化力、组织动员力、教学感染力；方式方法适应包括深入度、透彻性、鲜活性。请 10 位专家根据上述评分因素，以百分制对 39 个指标打分（见表 3-27），计算出平均值，得到评分结果。

表 3-27　百分制评分表

评价级别	好	较好	中	较差	差
分数区间 S	$S \geqslant 75$	$65 \leqslant S < 74$	$55 \leqslant S < 64$	$45 \leqslant S < 54$	$S < 44$

（一）衡量指标变异性

在 CRITIC 法中可以使用一个标准差分析来判断和表示各个指标的内部取值和数据差异变动的情况，差异数值越大代表该指标的数量和差异变化越大，越能够从中反映出更多的信息，该指标本身的评价强度也就越强，应该给该指标本身分配更多的权重。指标变异性为：

$$\overline{x}_j = \frac{1}{n}\sum_{i=1}^{n}x_{ij} \quad (3\text{-}12)$$

$$\sigma_i = \sqrt{\sum_{j=1}^{n}(x_{ij}-\overline{x}_j)^2/(n-1)} \quad (3\text{-}13)$$

（二）衡量指标冲突性

CRITIC 法通过相关系数量化指标间的信息独立性，与标准差共同构成信息量，最终生成客观权重。指标冲突性为：

$$r_i = \sum_{j=1}^{n}(1-r_{ij}) \quad (3\text{-}14)$$

（三）指标信息量计算

指标信息量 c_i 越大，表示第 i 个评价指标在整个综合评价指标体系中的影响越大，应该给其分配更多的权重：

$$c_i = \sigma_i \sum_{j=1}^{n}(1-r_{ij}) = \sigma_i \times r_i \quad (3\text{-}15)$$

（四）客观权重计算

第 i 个指标的客观权重 w_i 为：

$$w_i = c_i / \sum_{i=1}^{n}c_i \quad (3\text{-}16)$$

三、专家打分问卷调查及数据处理

根据随机抽样方法，选择 10 所内蒙古高校，通过对高校思政课改革领域的 10 名专家发放问卷，由他们根据上述评分因素对指标进行百分制打分。以 4 个一级指标为例。

表 3-28　内蒙古高校思政课改革适应性维度一级指标评分结果

指标编号	1	2	3	4	5	6	7	8	9	10
X_1	78	87	86	76	78	83	69	88	90	73
X_2	21	34	56	56	77	68	43	57	54	67
X_3	56	58	87	71	83	82	89	63	54	58
X_4	32	47	38	49	52	59	64	66	41	26

将表 3-28 评分结果进行标准化处理，得到标准化矩阵 S：

$$S = \begin{Bmatrix} 0.429 & 0.857 & 0.81 & 0.333 & 0.429 & 0.667 & 0 & 0.905 & 1 & 0.19 \\ 0 & 0.232 & 0.625 & 0.625 & 1 & 0.839 & 0.393 & 0.643 & 0.589 & 0.821 \\ 0.057 & 0.114 & 0.943 & 0.486 & 0.829 & 0.8 & 1 & 0.257 & 0 & 0.114 \\ 0.15 & 0.525 & 0.300 & 0.575 & 0.65 & 0.825 & 0.95 & 1 & 0.375 & 0 \end{Bmatrix}$$

单独考虑每个指标生成的向量，根据式（3-16）计算各行向量 S_i 的标准差 σ_i，得到标准差向量 σ：

$$\sigma = (\sigma_1, \sigma_2, \sigma_3, \sigma_4) = (7.036, 16.72, 13.956, 13.352)$$

根据式（3-14）计算指标 i 与指标 j 的线性相关系数 r_{ij}，得到向量 r：

$$r = (r_1, r_2, r_3, r_4) = (3.291, 2.442, 2.457, 2.288)$$

根据式（3-15），得到信息量向量 C：

$$C = (c_1, c_2, c_3, c_4) = (23.156, 40.835, 34.293, 30.548);$$

根据式（3-16）对 C 归一化处理，得到正则向量 W：

$$W = (w_1, w_2, w_3, w_4) = (0.18, 0.317, 0.266, 0.237)。$$

四、指标权重的计算

接下来内蒙古高校思政课改革适应性维度评估指标体系权重的计算过程不再赘述，主要是提取指标变异性、指标冲突性、信息量及权重系数（如表 3-29 所示）。

表 3-29　内蒙古高校思政课改革适应性维度评估指标体系客观权重计算结果

三级指标	指标变异性	指标冲突性	信息量	权重系数
育人目标贯彻以人为本	0.949	11.299	10.719	0.015
育人内容落实以人为本	0.699	14.103	9.861	0.014
育人原则贯彻以人为本	1.265	11.299	14.292	0.021
评判标准结合以人为本	0.949	11.299	10.719	0.015
本科阶段教学目标设置情况	0.966	11.511	11.121	0.016
硕士阶段教学目标设置情况	0.972	11.043	10.732	0.015
博士阶段教学目标设置情况	0.949	11.299	10.719	0.015
纵向延展情况	0.966	11.511	11.121	0.016

续表

三级指标	指标变异性	指标冲突性	信息量	权重系数
横向交流情况	0.972	11.285	10.967	0.016
思想引领类内容	1.075	13.467	14.477	0.021
政治教育类内容	0.675	12.136	8.191	0.012
道德涵育类内容	0.972	13.016	12.650	0.018
心理建设类内容	1.033	16.950	17.506	0.025
进入课程情况	1.135	17.189	19.515	0.028
融入课堂情况	1.033	14.701	15.183	0.022
深入现实情况	1.197	16.772	20.080	0.029
嵌入实践情况	0.949	11.299	10.719	0.015
数字胜任力	0.949	11.299	10.719	0.015
专业理论素养	0.949	11.299	10.719	0.015
知识讲授能力	0.949	11.299	10.719	0.015
政治素养	1.229	18.592	22.854	0.033
国内外时政信息收集能力	1.054	14.851	15.654	0.022
教学经验	1.269	21.704	27.549	0.040
教学活动规划能力	1.135	18.713	21.245	0.030
教学活动组织能力	1.430	21.584	30.861	0.044
教学活动总结能力	1.174	25.008	29.354	0.042
教学目标设定能力	1.287	24.614	31.671	0.045
课堂组织管理能力	1.354	20.327	27.523	0.039
教学情境设计能力	1.075	13.594	14.613	0.021
教学内容改进能力	1.229	17.811	21.894	0.031
教学问题反思能力	1.033	16.881	17.435	0.025
马克思主义理论科学内涵的认识程度	1.033	16.881	17.435	0.025
科学规律的认识程度	0.699	13.871	9.699	0.014
回归学生自身程度	0.707	14.183	10.029	0.014
回归现实本身程度	0.949	11.299	10.719	0.015
教学情景创设情况	1.509	27.704	41.812	0.060
教学案例运用情况	1.197	17.848	21.368	0.031
教学技术创新情况	1.449	28.677	41.557	0.060
教学场域拓展情况	1.160	28.591	33.151	0.048

第三节　指标综合权重计算——拉格朗日乘子法

层次分析法可以合理利用专家的经验知识，CRITIC 法则适用于挖掘样本数据中客观信息，有效避免人为主观因素的影响。因此，对层次分析法与 CRITIC 法得到的主观权重 AW_j 与客观权重 EW_j 进行组合，有助于得到更加科学准确的权重系数。利用拉格朗日乘子法得到评价指标的综合权重系数：

$$W_j = \frac{AW_j EW_j}{\sum_{j=1}^{m} AW_j EW_j} \quad (3\text{-}17)$$

应用 AHP 法计算指标主观权重，CRITIC 法计算客观权重，运用式（3-17）计算各指标的综合权重，结果见表 3-30。

表 3-30　内蒙古高校思政课改革适应性维度评估指标体系综合权重表

指标名称	AHP法计算权重 W_j	CRITIC法计算权重 S_j	综合权重 C_j
育人目标贯彻以人为本	0.010	0.015	0.007
育人内容落实以人为本	0.028	0.014	0.018
育人原则贯彻以人为本	0.042	0.021	0.039
评判标准结合以人为本	0.066	0.015	0.046
本科阶段教学目标设置情况	0.085	0.016	0.061
硕士阶段教学目标设置情况	0.016	0.015	0.011
博士阶段教学目标设置情况	0.045	0.015	0.031
纵向延展情况	0.008	0.016	0.006
横向交流情况	0.042	0.016	0.030
思想引领类内容	0.019	0.021	0.018
政治教育类内容	0.048	0.012	0.025
道德涵育类内容	0.009	0.018	0.007
心理建设类内容	0.034	0.025	0.038
进入课程情况	0.077	0.028	0.097
融入课堂情况	0.097	0.022	0.095
深入现实情况	0.014	0.029	0.019

续表

指标名称	AHP 法计算权重 W_j	CRITIC 法计算权重 S_j	综合权重 C_j
嵌入实践情况	0.047	0.015	0.032
数字胜任力	0.004	0.015	0.003
专业理论素养	0.013	0.015	0.009
知识讲授能力	0.028	0.015	0.020
政治素养	0.007	0.033	0.010
国内外时政信息收集能力	0.014	0.022	0.014
教学经验	0.023	0.040	0.041
教学活动规划能力	0.017	0.030	0.023
教学活动组织能力	0.006	0.044	0.013
教学活动总结能力	0.004	0.042	0.008
教学目标设定能力	0.014	0.045	0.028
课堂组织管理能力	0.010	0.039	0.017
教学情境设计能力	0.045	0.021	0.043
教学内容改进能力	0.030	0.031	0.043
教学问题反思能力	0.015	0.025	0.017
马克思主义理论科学内涵的认识程度	0.004	0.025	0.005
科学规律的认识程度	0.021	0.014	0.013
回归学生自身程度	0.002	0.014	0.001
回归现实本身程度	0.007	0.015	0.005
教学情景创设情况	0.021	0.060	0.058
教学案例运用情况	0.014	0.031	0.020
教学技术创新情况	0.004	0.060	0.011
教学场域拓展情况	0.008	0.048	0.016

第四节 指标综合权重分析

以习近平关于高校思政课改革适应性问题的相关论述和高校思政课改革的适应性内涵及要求作为构建发展指标体系的立足点，以"可操作性、公平公正、合理性"作为构建发展指标体系的科学性原则,参考国家政策要求以及对现有高校思政课改革评价体系的归纳总结。在相关专家学者指导下,根据内蒙古高校实际情况,利用问卷调查法、专家打分法、AHP 层次分析法、CRITIC 法,确定该地区高校思政课改革适应性维度评估指标体系的指标选取及综合权重。其中,一级指标选取遵循高校思政课改革的适应性内涵及要求,确定为"动因适应、内容适应、实施主体适应、方式方法适应"四方面。从四方面划分发展指标体系,意在推动高校思政课改革紧密围绕习近平总书记在中国人民大学考察时的重要讲话精神,在强化思政课教育教学动因适应、内容适应、实施主体适应、方式方法适应多重维度上,明确"为何而教"、把握"要教什么"、厘清"由谁来教"、揭示"怎么教好",锚定思政课落实立德树人的根本任务,夯牢用习近平新时代中国特色社会主义思想铸魂育人的灵魂基石,发挥教师"为学、为事、为人"的关键作用,创新创造"把道理讲深、讲透、讲活"的方式方法。

一、一级指标权重分析

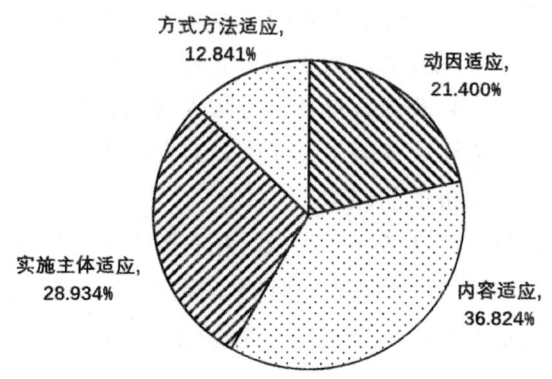

图 3-2 内蒙古高校思政课改革适应性维度评估一级指标权重

内蒙古高校思政课改革适应性维度评估指标一级指标权重如图 3-2 所示,从大到小依次为内容适应(36.824%)、实施主体适应

(28.934%)、动因适应(21.400%)、方式方法适应(12.841%)。[①]由一级权重指标能够看出,思政课适应性改革,教好内容是重中之重,怎样教、如何教全都是服务于教什么。教学内容是思政课教师需要掌握的,教师只有做好教学内容的研学才能发挥好思政课立德树人的功能,思政课内容是引领学生树立正确的世界观、人生观、价值观的关键一招,思政课适应性改革应从内容着手推进其他方面的协同改革。实施主体适应为占比第二位的指标。思政课实施主体为思政课教师,思政课教师队伍建设关系到思政课能否高质量完成授课,思政课教学内容的实施由思政课教师完成。2020年教育部印发《新时代高等学校思想政治理论课教师队伍建设规定》,强调思政课教师数量按照师生比不低于1:350的比例设置专职思政课教师岗位,师资的配齐为思政课高质量发展提供了人力的保障。但是在师资力量配齐下还要解决质量问题,才能保证思政课授课的质量。动因适应为占比第三位的指标。思政课适应性改革首先要明确"为何而教"的关键问题,动因适应是思政课教育教学的动力,由动力出发寻找高校思政课的改革方向,更加能够推动思政课教育教学发展。思政课教师想教,学生想学,教授与接受的重合,才能让思政课发挥最大效用。方式方法适应为占比第四位的指标。思政课教学方式方法是教学相长的有力支持。随着大学生所处的时代的变化加快,思政课教育教学方法也应创新改变。只有应用与时代相适应的方式方法,才能引领学生、启发学生,让思政课变成学生爱听、爱学的内在价值的课程。

综上所述,只有各环节环环相扣、相互配合才能使高校思政课适应性改革走在前端。改革永远在进行时,新的矛盾不断出现,立足于眼下、立足于当前才能推动思政课高质量发展,为党育人、为国育才。

二、二级指标权重分析

12个二级指标的权重大小如图3-3所示,习近平新时代中国特色

[①] 图3-2中数值总和为99.999%,属于四舍五入保留三位小数后存在计量误差,是较为合理的正常现象。

社会主义思想、教学感染力、总体性目标、鲜活性、阶段性目标、马克思主义及其中国化理论成果等二级指标权重占比较大且重要性依次递减。

三级指标权重占比较大的10个指标依次为：进入课程情况、融入课堂情况、本科阶段教学目标设置情况、教学情景创设情况、评判标准结合以人为本、教学情境设计能力与教学内容改进能力并列、教学经验、育人原则贯彻以人为本、心理建设类内容、嵌入实践情况。

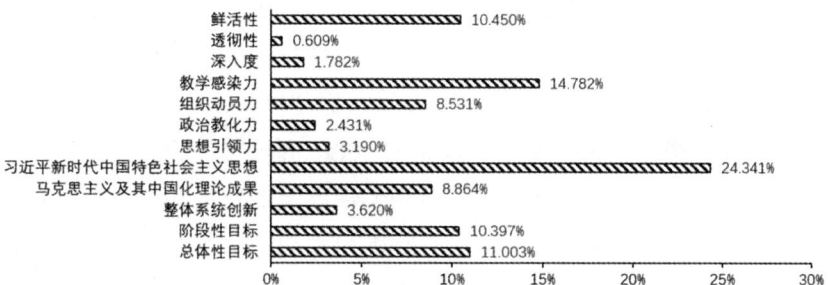

图 3-3　内蒙古高校思政课改革适应性维度二级指标权重

进入课程情况与融入课堂情况作为习近平新时代中国特色社会主义思想的三级指标，是思政课改革创新的内驱力。让大学生熟知习近平新时代中国特色社会主义思想的时代背景、主要内容、历史地位及其重大贡献是高校思政课推进习近平新时代中国特色社会主义思想入脑入心的理论认知的基本目标。进入课程情况权重为0.097，融入课堂情况权重为0.095。党的二十大以来，推进习近平新时代中国特色社会主义思想"三进"工作是思想政治教育的核心任务，"进课堂"是用习近平新时代中国特色社会主义思想凝心铸魂的主渠道。

教学目标设定能力、课堂组织管理能力、教学情境设计能力、教学内容改进能力、教学成效预判能力、教学问题反思能力是教学感染力的三级指标，教学情境设计能力和教学内容改进能力权重均为0.043。习近平总书记指出："上思政课不能拿着文件宣读，没有生命、干巴巴的。"①思政课教师要善于改进思政课讲授内容，依托丰富的中华优秀传统文化、革命文化和社会主义先进文化资源，研究梳理中华文明五千年历史进程中的感人故事、典型案例，让基本原理变成生动道理，让根本方法变成管用办法。同时，还要善于设置学生感兴趣的教学情景去阐释他们关心关注的热点难点焦点问题，学会用生动的情景解释深刻的道理，用熟悉的事例论证不熟悉的规律，积极探索如何在说理上情理交融，叙事上生动深刻。

育人目标贯彻以人为本、育人内容落实以人为本、育人原则贯彻以人为本、育人方式贯彻以人为本是总体性目标的三级指标，评判标准结合以人为本权重为 0.046，育人原则贯彻以人为本权重为 0.039。"以人为本"是马克思主义人学理论的核心。高校思政课贯彻落实以人为本的教育理念具有重要意义，有利于培养全面发展的人才，有利于增强大学生的实践能力，有利于教师因材施教，有利于发挥学生的主体作用。高校思政课需要通过夯实理论路径和实践路径将"以人为本"教育理念落到实处。

教学情景创设情况、教学案例运用情况、教学技术创新情况、教学场域拓展情况是鲜活性的三级指标，教学情景创设情况权重为 0.058，教学案例运用情况权重为 0.020。情景教学模式以当代大学生喜闻乐见的方式，能够提高思想政治教育传播的趣味性和实践性。借助虚拟场景的呈现，思政课通过视觉、听觉、触觉等多感官相结合的教学方式促进学生全身心沉浸于教学内容，实现了传播方式由静态到动态的转变，使思政课教学内容下沉至大学生日常生活与所思所感，更容易引发学生情感共鸣。案例教学法是一种兼顾理论性与实践性的教学方式。该教学法以问题为导向，整合思政课知识体系，增强知识点之间的联系，体现知识的现实应用，有助于培养学生独立思考、分析、评估、团队合作等多种能力。

---

① 陈娟：《让思政课成为一门有温度的课》，《光明日报》2024 年 3 月 12 日，http://news.gmw.cn/2024-03/12/content_37198121.htm，访问日期：2024 年 6 月 18 日。

第四编

内蒙古高校思政课改革"教育教学动因适应"评估指标体系的应用

高校思政课适应性问题内含作为关键课程的思政课在教育教学动因、内容、实施主体、方式方法等要素上的适应性，要求思政课与国际形势变局、国内现实境遇的发展变化相适时，与"为党育人、为国育才"的战略任务相适宜，与教师教育教学、崇德启智润心的施教目标相适切，与学生成长成才、学思践悟力行的受教需求相适合，与日常思想政治工作、"课程思政"建设的同类实践相适用。本篇以内蒙古高校思政课改革适应性维度评估指标体系层次结构模型（如图 3-1 所示）为依据，应用深度访谈法及问卷调查法，在广泛调研的基础上，科学评判内蒙古高校思政课改革适应性维度评估指标等级，验证评估指标体系的合理性，以此总结、归纳高校思政课适应性改革中存在的现实困境及根源所在，旨在推动内蒙古高校思政课在改进中加强、在创新中提高。

深度访谈法可以对话内蒙古地区高校学生、高校思政课教师以及高校思政课负责人，听取不同类型高校思政课主体的声音，最大限度地挖掘不同个体和群体的观点，避免受访者拘泥于调查问卷中的封闭式选项。本书将内蒙古高校思政课改革适应性维度评估指标体系分解成动因适应、内容适应、实施主体适应和方式方法适应等相关议题，有针对性地开展个体或群体的半结构化访谈。本篇中所涉及的内蒙古高校思政课改革适应性维度评估体系的访谈概况（如表 4-1 所示），时间跨度在 2022—2024 年，采集院校涵盖综合类高校、农林类高校、财经类高校、师范类高校、医学类高校、民族类高校、职业院校，同时兼顾了本专科不同教育层次学生以及内蒙古东部、中部、西部三个地理位置的院校。

表 4-1 内蒙古高校思政课改革适应性维度评估体系的访谈概况

类型	访谈部门	访谈对象	访谈时间	访谈方式	访谈主题
综合类高校	内蒙古大学马克思主义学院	形势与政策教研室 G 主任	2024 年 5 月 14 日	一对一访谈	教学目标设置情况
	内蒙古大学马克思主义学院	铸牢中华民族共同体意识教研室 L 主任	2024 年 5 月 15 日	一对一访谈	"立德树人"理念引领作用的落实情况
	内蒙古大学公共管理学院	Z、L 学生	2024 年 5 月 22 日	群体访谈	"马克思主义及其中国化理论成果"教学的思想引领力情况
	内蒙古大学电子信息工程学院	S、W 学生			
农林类高校	内蒙古农业大学马克思主义学院	党总支 S 书记	2023 年 10 月 18 日	一对一访谈	健全"以学生为中心"的教学评价体系情况
	内蒙古农业大学教务处	D 老师	2023 年 10 月 19 日	一对一访谈	健全"以学生为中心"的教学评价体系情况
	内蒙古农业大学农学院	L、F、Z 学生	2024 年 4 月 17 日	群体访谈	"部分思政课教师数字素养有待提升"相关内容
财经类高校	内蒙古财经大学马克思主义学院	W 老师	2022 年 6 月 13 日	电话访谈	强化"以人为本"过程理念引领情况
	内蒙古财经大学金融学院	Z、W 学生	2022 年 6 月 13 日	群体访谈	"教育教学内容适应"中存在的问题等相关内容
师范类高校	内蒙古师范大学马克思主义学院	L 老师	2023 年 10 月 6 日	一对一访谈	关于加强思政课教学目标和教学内容联结互动的问题
	内蒙古师范大学经济管理学院	M、W、G 学生	2023 年 10 月 9 日	群体访谈	"习近平新时代中国特色社会主义思想"融入课堂的效果

续表

类型	访谈部门	访谈对象	访谈时间	访谈方式	访谈主题
医学类高校	内蒙古医科大学马克思主义学院	T副院长	2023年10月11日	一对一访谈	以系统思维统筹各学段教学目标的情况
	内蒙古医科大学	W、G、H学生	2023年10月11日	群体访谈	"部分思政课教师缺乏专业理论素养和学术功底"相关内容
	包头医学院马克思主义学院	W老师	2024年6月18日	一对一访谈	构建全员育人的多元格局的情况
	包头医学院党委宣传部	L老师	2024年6月18日	一对一访谈	构建全员育人的多元格局的情况
民族类高校	内蒙古民族大学党委学生工作部	W老师	2024年5月4日	电话访谈	"立德树人"理念引领作用的落实情况
	内蒙古民族大学外国语学院	Z、H学生	2024年5月5日	电话访谈	"教育教学内容适应"中存在的问题等相关内容
职业院校	包头轻工职业技术学院马克思主义学院	思想道德与法治教研室W主任	2024年6月19日	一对一访谈	强化"大思政课"建设理念引领情况
	赤峰工业职业技术学院	B、G、H学生	2024年4月23日	群体访谈	"部分思政课教师缺乏专业理论素养和学术功底"相关内容
	鄂尔多斯职业学院	L、X、Y学生	2024年5月23日	群体访谈	"部分思政课老师缺乏专业理论素养和学术功底"相关内容

问卷发放运用随机抽样样本量计算公式，期望在95%的置信水平上达到±3%的精确度，且假设存在50%的变异性，通过式（4-1）计

算可得所需样本量为 1849 份。芝加哥大学全国民意调查中心进行的综合社会调查 21 次调查数据发现，实地调研问卷回收率在 70%-80%，取平均值 75%，根据式（4-2），最终发放问卷 2466 份。

$$n = \frac{(Z_{\alpha/2})^2 (Cr)^2}{r^2} = \frac{2.58^2 \times 50\%^2}{3\%^2} = 1849 \quad (4-1)$$

$$n' = \frac{n}{75\%} = \frac{1849}{75\%} = 2465.33 \quad (4-2)$$

内蒙古高校思政课改革适应性维度评估采用问卷调查法，在内蒙古大学、内蒙古农业大学、内蒙古财经大学、内蒙古师范大学、内蒙古医科大学、内蒙古民族大学、包头医学院七所本科高校，以及包头轻工职业技术学院、赤峰工业职业技术学院、鄂尔多斯职业学院三所专科类院校（如图 4-1 所示）发放问卷 2466 份，回收 2143 份，有效问卷 2075 份，占比 84.14%，符合《社会调查原理与方法》中的问卷调查要求（回收率达到 75%以上），该问卷结果可以作为研究论证依据。

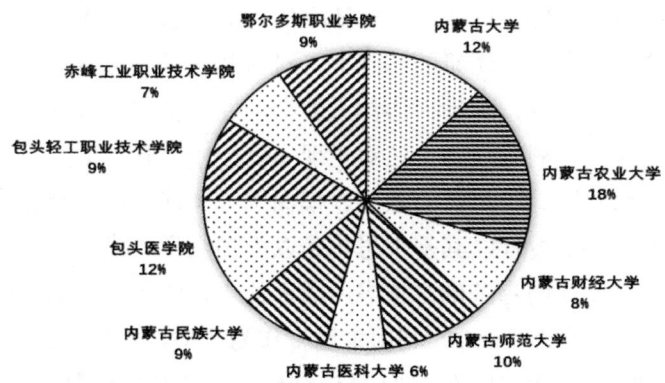

图 4-1　内蒙古高校思政课改革适应性维度评估调研区域分布

第一章　内蒙古高校思政课改革"教育教学动因适应"评估指标等级评判

习近平总书记提出的思政课适应性问题，高瞻远瞩地指明了思政课改革创新的关键环节和着力方向。事实上，思政课适应性的强弱，直接关系受重视程度的高低、教育教学效果的好坏以及育人作用的大小。由于思政课教学目的不明、教学内容陈旧、教师改革自觉性不足以及教学方法固化单一，导致其难以适应社会需求，也缺乏有效的自我调适机制。有必要在遵循一般性思政课改革评估指标体系的基础上，结合适应性特点，根据内蒙古地区思政课建设实际情况，利用问卷调查法、专家打分法、AHP 层次分析法、CRITIC 法，确定内蒙古地区思政课改革适应性维度评估指标体系的指标选取及权重。再利用模糊综合评价法，在广泛调研的基础上，对内蒙古高校思政课改革适应性维度情况进行评价，验证评估体系的合理性，优化其迈向高质量发展的创新路径。模糊综合评价法对于现实社会中所存在的大量模糊概念指标的评估问题具有很好的效果。模糊综合评估法有一个相对完善的评估模型及评估过程，其基本思想是以模糊数学、模糊线性变换原理和最大隶属度原则为基础，考虑所需评估事物的各个评估指标因素，对其做出优劣等级的评估。利用隶属度作为桥梁，将不确定性（非量化因素）在形式上转化为确定性（量化结果），即将模糊性加以量化，从而利用传统数学方法对其进行分析处理。[①]内蒙古高校思政课改革"教育教学动因适应"指标等级评判应在构建模糊综合评价评语集及评价标准的基础上，确定隶属度函数，再构建模糊综合评价数据集，最终确定模糊评价矩阵和指标权重。

---

① 张炳江：《层次分析法及其应用案例》，电子工业出版社 2014 年版，第 35 页。

设评价因素集为 U = {u_1, u_2,…, u_n}，由影响评价对象的众多因素组成，其中，$U_i(i=1, 2, …, m)$ 是表示评价对象存在状态的第 i 个评价指标，n 为评价指标的数量，即

U = {动因适应，内容适应，实施主体适应，方式方法}。

设评价等级 V = {v_1, v_2, v_3,…, v_n}，建立对内蒙古高校思政课改革适应性维度等级评价的评语集，对高校思政课改革的适应性维度建立五个等级，即 V = {差，较差，中，良，优}。依据专家打分法对各评价因素按照评价等级进行打分，从而确定单个因素对于评价等级集合的隶属关系。

设 $U_i(i=1, 2, …, m)$ 评价因素中的第 i 个因素对于评价等级 V 中第 $j(j=1, 2, …, n)$ 个评级的隶属度为 r_{ij}，那么因素 U_i 对整个评价等级集合 V 的隶属关系则可以表示为：

$$R = \{r_{i1}, r_{i2}, …, r_{in}\} \quad (4-3)$$

即隶属度 r=判断某属性属于备择集 S 中某一项的专家数/专家总数。

对于权重向量 A = (ω_1, ω_2,…, ω_n) 来说，与模糊综合评价集 R 合成，就可以得到内蒙古高校思政课改革"教育教学动因适应"的综合评价向量 B，即

$$B_{ij} = A_{ij} \times R_{ij} = (b_{ij1}, b_{ij2},…, b_{ijq}) \quad (4-4)$$

其中 $b_{ij} = \sum_{k=1}^{p} a_{ijk} \cdot b_{ijk}$, i=1, 2, …, n, j=1, 2, …, m, k=1, 2, …, q。

依据模糊评价集 B_{ij}，可以得到第 i 个项目的评价矩阵 $R_i = [B_{i1}, B_{i2},…, B_{im}]^T$，根据第 i 个项目下 m 个因素间的成对比较矩阵 A_{ij}，可以计算第 i 个项目的模糊综合评价集：

$$B_i = A_i \times R_i \quad (4-5)$$

其中 $b_{ij} = \sum_{j=1}^{m} a_{ij} \cdot b_{ijl}$, i=1, 2, …, n, j=1, 2, …, m, l=1, 2, …, q。

由评价矩阵 R = $[B_1, B_2,…, B_n]^T$ 和各个项目间的权重矩阵 A，最

后计算得到总的模糊综合评价集：

$$B = A \times R \quad (4\text{-}6)$$

其中 $B_l = \sum_{i=1}^{n} a_i \cdot r_{il}$，$l = 1, 2, \ldots, q$。

根据上述模糊综合评价算法，以内蒙古高校思政课改革"动因适应"中"总体性目标"评估指标为例进行综合评价，其单因素评价矩阵为：

$$R_{u1} = \begin{Bmatrix} 0.054 & 0.022 & 0.112 & 0.230 & 0.581 \\ 0.607 & 0.023 & 0.108 & 0.214 & 0.048 \\ 0.056 & 0.026 & 0.109 & 0.240 & 0.569 \\ 0.045 & 0.560 & 0.121 & 0.246 & 0.029 \end{Bmatrix}$$

与其对应的权重是：

$$A_{u1} = (0.007, 0.018, 0.039, 0.046)$$

$$B_{11} = A_{u1} \times R_{u1} = (0.015, 0.027, 0.013, 0.026, 0.029)$$

以此类推，一级指标"动因适应"下的 2 个二级指标"阶段性目标"的结果是：

$$B_{12} = (0.037, 0.003, 0.011, 0.040, 0.014)$$

同理可得出内蒙古高校思政课改革"动因适应"等级综合评价：

$$B_1 = A_{u1} \times R_{u1} = (0.053, 0.030, 0.023, 0.066, 0.042)$$

根据最大隶属度原则，内蒙古高校思政课改革适应性维度评价一级指标"动因适应"指标 $\max_{1 \leq k \leq m}\{b_k\} = 0.053$，对应为"差"级。二级指标中，"总体性目标"指标 $\max_{1 \leq k \leq m}\{b_k\} = 0.029$，对应为"优"级；"阶段性目标"指标 $\max_{1 \leq k \leq m}\{b_k\} = 0.037$，对应为"差"级；三级指标中，"育人目标贯彻以人为本"指标 $\max_{1 \leq k \leq m}\{b_k\} = 0.004$，对应为"优"级；"育人内容落实以人为本"指标 $\max_{1 \leq k \leq m}\{b_k\} = 0.011$，对应为"差"级；"育人原则贯彻以人为本"指标 $\max_{1 \leq k \leq m}\{b_k\} = 0.022$，对应为"优"级；"评判标准结合以人为本"指标 $\max_{1 \leq k \leq m}\{b_k\} = 0.026$，对应为"较差"级；"本科阶段教学目标设置情况"指标 $\max_{1 \leq k \leq m}\{b_k\} = 0.035$，对应为"差"级；"硕士阶段教学目标设置情况"指标 $\max_{1 \leq k \leq m}\{b_k\} = 0.006$，对应为"良"级；"博士阶

段教学目标设置情况"指标 $\max_{1\leq k\leq m}\{b_k\} = 0.018$,对应为"良"级(如表 4-2 所示)。

表 4-2 内蒙古高校思政课改革"教育教学动因适应"评估指标等级

二级指标	评价等级	三级指标	评价等级
总体性目标	优	育人目标贯彻以人为本	优
		育人内容落实以人为本	差
		育人原则贯彻以人为本	优
		评判标准结合以人为本	较差
阶段性目标	差	本科阶段教学目标设置情况	差
		硕士阶段教学目标设置情况	良
		博士阶段教学目标设置情况	良

第二章 内蒙古高校思政课改革"教育教学动因适应"中存在的问题

依据"内蒙古高校思政课改革教育教学动因适应评估指标体系"和"内蒙古高校思政课改革教育教学动因适应评估指标等级"的实证分析,内蒙古高校思政课改革教育教学动因适应评估指标中"评判标准结合以人为本"的等级评判为"较差","育人内容落实以人为本""本科阶段教学目标设置情况"的等级评判为"差",这一结果表明内蒙古高校思政课改革"教育教学动因适应"中存在育人目标落实相对欠缺、评价目标设定不够科学、教学目标贯通与衔接性不强的现实困境。

第一节 育人目标落实相对欠缺

目标是实践的重要出发点和落脚点,不同的实践活动在不同时期、不同阶段均有不同指向。实践目标是实践活动关键的逻辑起点和最终归宿。在不同时期、不同阶段,各类实践活动均有其特定的目标指向。依据科学实践观构建的实践活动,其明确设定的实践目标是活动得以有效展开的基础。实践目标若设置得科学、合理、清晰,实践活动便能规范、有序、高效;反之,若实践目标模糊不清,实践活动则易陷入混乱失序、效率低下的困境。内蒙古高校思政课育人目标落实的相对欠缺使得课堂与现实无法形成良性互动,同时使得思政课缺失了"启智润心"的功能,学生在面对高深的理论和正确的引导时总是混沌、迷茫,知与行形成了断裂。育人目标落实的相对欠缺使得学生对思政课有了排斥心理,学生听不进去、做不出来,形成了"你讲你的大道理,我行我的小风格"的局面。育人目标落实的相对欠缺使得思政课缺失了成才教育这一应有之义。成才教育是思想政治教育的应有之义，同时也是使人成为人的教育的必然要求，思政课是"授人以渔"的基础课程，能够帮助学生培养科学的思维方式，强化运用能力。总之，育人目标落实的相对欠缺使得思政课缺乏了它本应有的引领作用，我们要在教学中让马克思的立场、观点、方法在实践中"活"起来，充分发挥其立德树人的作用。

第二节　评价目标设定不够科学

　　设定评价目标是落实思政课育人目标与内容、推动协同育人发展的重要手段。在高校思政教学过程中，评价既是关键的教学环节，也是当前实践亟需加强的薄弱环节。当前评价目标设定存在显著的不科学性问题，主要体现在：第一，缺乏针对性，忽视学情与需求。评价目标未能精准对接教学供给端（教师）和受教需求端（学生）的实际。一方面，对学生群体的学情、思想发展水平及其亟待解决的困惑缺乏系统把握；另一方面，教师在教学中往往侧重知识的普遍传授，未能针对学生个性化差异设定差异化、精准化的评价目标。第二，设定片面僵化，忽视学生主体性。评价目标的设定存在片面化和死板化倾向，未能充分体现学生作为思政教学实践主体的地位。评价过程未能有效捕捉和回应学生在学习过程中的实际反馈，对其学习状态和思想变化缺乏及时的关注与有效的评价反馈。第三，忽视辩证关系与过程性。评价者在实践中容易割裂主体（学生）与客体（学习内容、效果）的辩证统一关系，形成静态、割裂的评价体系。同时，在设定评价目标时，过度依赖主观经验，忽视了思政实践本身具有的过程性、实时性和动态性特征，导致评价目标僵化滞后。

　　上述评价目标设定不科学、标准不清晰、针对性不足等突出问题，严重削弱了教育教学的动因适应，阻碍了教学效果的达成，最终导致教育教学体系难以形成有效的闭环。

第三节　教学目标贯通与衔接性不强

教学目标的制定是思政课实践过程的遵循,思政实践过程将围绕这一目标展开。作为前沿性的指向,思政课各课程均有各自的教学目标,以各自课程的特点进行设置的教学目标缺乏整体性思考,因此在各自为战的情形下,难免走向了教学目标的割裂,这也就导致了教学目标的贯通性与衔接性不强。思政课的教学目标是以学生为中心的,目的是要把道理讲深、讲透、讲活,而各具体的思政课程授课的教学目标正是思政课大目标的具体举措落实。教学目标协同性的缺失,导致了思政课的总体引领性的下降,各思政课功能的配合性下降,思政课的授课就变成了为了讲而讲,道理无法入脑、入心、化行。

第三章 内蒙古高校思政课改革"教育教学动因适应"中的制约因素分析

第一节 制约育人目标落实的因素

思政课是落实立德树人根本任务的关键课程,思政课实践指向则是学生。内蒙古高校思政课改革"教育教学动因适应"育人目标相对欠缺的原因体现在以下几方面。一是课堂与现实之间的割裂。思政课堂中,内容、理论高深,现实实践生活中无法运用抽象、高深的道理,使得课堂与现实无法形成良性的互动,知、行之间无法做到统一。二是教师教学目标的建立缺乏对学生现实情况的了解。教学内容需要根据教学的主客体之间的矛盾展开,学生作为教学接受客体,属于被动层面,教师属于教学方式方法主体,理应结合学生实际,讲授思政课内容,但现实情况大相径庭,教师只作为内容的输出者,没有针对思政接受主体的教学设计,也就导致思政教学效果大打折扣。三是传统的教学方式方法难以承载内容的新颖讲述。要将道理讲深、讲透、讲活,教师不仅需要精研内容本质,更需借助现代技术赋能教学创新,活化教学内容,最终实现引起学生兴趣、激发主动学习意愿的互动式课堂,达成师生双向赋能的教学效果。

第二节 制约评价目标科学设定的因素

在思政课教学评价中,教学目标标签化。人们不自觉将教学评价贴上思政的标签,觉得只要是教育就会带上这一标签。教学目标设定不够科学的原因如下。第一,教学过程及结果处处打上思政的标签。

随处可见的思政标签无疑会引得师生产生反感、厌恶的情绪。教学过程是教育的关键环节，如果师生在这一环节出现了纰漏、产生了不良情绪，无疑会使思政课改革创新的效果大打折扣。第二，配置不佳导致思政课程质量不足。"课程思政"本意是发挥专业领域的科学引领作用，但落实情况不佳。为落实思政目标，评价方式方法无不提及思想政治教育成果。师资配置、软硬件方面都不达标，无法对学生起到真正的引领，不利于提升思政课质量。第三，评价目标的广泛化。评价目标的广泛化使得专业课思政化、思政课通识化，扰乱了本应该有的教育方式方法，边界不清晰、不明了，各评价体系无法遵循应有的评价目的，偏离了该有的科学体系，教学无法闭环、循环。

第三节　制约教学目标贯通衔接的因素

教学目标有着相应的教学内容、教学方式方法、教学主客体，这三方面决定了教学目标贯通与衔接性的强弱。在教学目标与教学内容方面。每一个课程都对应着不同的教学目的与内容，锚定一既定目标才能充实其内容。思政课各门课程都拥有同一方向的育人目标，立德树人是其共同的目标指向，但因各课程的内容不同，所涉及的教学方案等都不同，缺乏整体性的课程规划，导致了各课程无法形成统一的学科教学目标指向，展现出各自为政的尴尬景象。教学方式方法是完成教学目标的外在表现，是能够影响教学最终成果的一个重要方面。教学方式方法缺乏目标性指引，教学方式方法是否符合思政课内涵的既定教学任务有待商榷，不恰当的教学方式方法会导致学生对于思政课教学内容产生不恰当的把握，影响教学目标的贯通与衔接性。教学主客体为思政课固有矛盾的两端，是教学主体和教学受体的统一，教学目标则是由教学主体教师指向教学客体学生的，是对学生思想行为的改造，但是由于教学主客体之间固有的矛盾性，使得教学目标无法实在完成，致使教学目标贯通与衔接性不强。

第四章 推动内蒙古高校思政课改革"教育教学动因适应"的优化路径

探寻西部地区社会团体在育人内容、评判标准、本科教学目标三方面存在的问题及其根源所在，提出从强化"立德树人"理念引领、推动教学目标与教学内容联结互动、健全"以学生为中心"的教学评价体系、以系统思维统筹各学段教学目标、构建全员育人的多元格局五方面着力，以此增强内蒙古高校思政课适应性，充分发挥思政课在立德树人中的关键作用，推动思政课与社会和时代良性互动。

第一节 强化"立德树人"理念引领

强化理念引领，是高校思政课在立德树人中发挥关键课程作用的起始端和关键点。破解高校思政课在立德树人中发挥关键课程作用所面临的问题，不能仅将目光聚焦于课堂教学之中，更需要在人才培养的全局中予以正确的理念引领。基于此，高校应以"立德树人"的目标理念、"以人为本"的过程理念、"大思政课"的建设理念引领思政课适应性改革。

一、强化"立德树人"目标理念引领

高校思政课要以文化人、以德育人，不断提高学生思想水平、政治觉悟、道德品质、文化素养，做到明大德、守公德、严私德。要在坚持"五育并举"的基础上，将立德作为根本任务和首要职责，贯彻思政课程改革全过程。可以邀请受内蒙古自治区表彰的时代楷模与英雄榜样进入高校"思想道德与法治"课堂，通过人物叙事、学生提问、思想剖析等互动环节呈现教学内容，让师生在课堂中与时代楷模对话、

与先进榜样并行，以此生动诠释社会主义核心价值体系。同时，高校思政课要始终秉持为党育人、为国育才宗旨，着力培养担当民族复兴大任的时代新人。要想把握思政课立德树人方向之舵，必须自觉贯彻落实党的路线、方针、政策进教材、进课堂、进头脑。正如习近平总书记强调的，"我们办的是中国特色社会主义教育，必须坚持马克思主义指导地位，坚持办学正确政治方向"。

"高校思政教育不仅仅是传授政治知识，更重要的是落实政治育人功能，我们作为思政课教学主体，更要坚定政治方向，解决好'培养什么人、如何培养人、为谁培养人'这个根本问题，自觉'为党育人、为国育才'，培养能够担当强国建设和民族复兴的时代新人，为强国建设、民族复兴提供强有力的人才与智力支撑。"（受访者：内蒙古大学马克思主义学院铸牢中华民族共同体意识教研室 L 主任，访谈时间：2024 年 5 月 15 日）

"近年来，我校多次研究部署思政课作为新时代高校立德树人的实现路径，切实发挥好思政课'主阵地''主渠道''主力军'的作用。此外，各职能部门结合民族性、地方性、数字化的办学定位，积极构建上下联动的工作体系，为教学、科研、学科建设提供服务支撑，不断促进我校立德树人能力的全面提升。"（受访者：内蒙古民族大学党委学生工作部 W 老师，访问时间：2024 年 5 月 4 日）

二、强化"以人为本"过程理念引领

马克思主义人学理论在马克思主义哲学体系中具有重要地位，"以人为本"作为该理论的核心要义，揭示了在人的全面发展过程中，人的主体性培育具有基础性作用。思想政治教育的过程是师生双向互动的过程。因此，强化"以人为本"过程理念引领，应当从教师和学生两个维度入手。以人为本可以是"以教师为本"，针对思政课教师在思想、心理、工作及生活各方面所面临的疑惑与挑战，秉持高度负责的态度，及时给予他们充分的关心、深入的理解以及切实的支持，营造一个有利于思政课教师轻松工作、愉快授课的良好环境，进而推动思想政治教育教学工作的顺利开展。思政课教师队伍年龄结构、教育背景、成长方式日趋多元化，中老年教师可能趋于保守，而青年教师则更易受到多元文化思想的深刻影响，鉴于此，应当加大对他们的教育与培训力度，从而促进不同类别的教师群体在专业技能与思想政治品德修养上的全面发展，确保他们既具备扎实的教学能力，又拥有高尚的师德风范。以人为本可以是"以学生为本"，在大学生由稚嫩迈向成熟的关键阶段，思政课教师需采用多元化的教学策略与手段，进行精准引导，以确保教育成效的达成。在教学过程中，逐步培养学生成为自我主导、拥有自由意志的个体，使之成为学习的主人。思政课教师应传授学生为人处世的智慧与技巧，培养其友善待人、志向远大、心系家国、怀揣为国奉献的崇高理想。同时，鼓励学生充分发挥个人潜能与智慧，以适应并引领社会发展的需求。

"高校思政教育是对学生主体进行立德树人教育的行动向导，需要树立以学生为本的思想政治教育理念。在日常的教学工作中，我校思政课教师坚持以人为本的理念，秉持尊重学生、欣赏学生的态度，在日常讲授思政课的时候根据不同学生的身心发展特征，选择不同的教授方法以及制定教学目标等。"（受访者：内蒙古财经大学马克思主义学院 W 老师，访问时间：2022 年 6 月 13 日）

三、强化"大思政课"建设理念引领

针对大思政课建设，习近平总书记提出要求，"'大思政课'我们要善用之，一定要跟现实结合起来""思政课不仅应该在课堂上讲，也应该在社会生活中来讲"[1]，这为我们进一步推进思政课建设、深化思政课改革创新提供了坚实的理论基础和明确的方向指引。

强化"大思政课"建设理念引领首先要对课程内容进行改革创新。例如，内蒙古大学正积极构建以习近平新时代中国特色社会主义思想为核心内容的优质课程群，致力于完善覆盖本科、硕士及博士阶段的"必修课+选修课"思政教育课程体系。学校致力于将党的创新理论深

---

[1] 人民网—人民日报：《"大思政课"我们要善用之》，2021 年 3 月 7 日，http://jhsjk.people.cn/article/32044587。

度融入教材、课堂及学生思想之中。为达成此目标，学校相关负责教师集中智慧深入挖掘并探讨教学重点与难点，精心制定课程综合改革方案。同时，依托学校在人文社科领域的深厚底蕴与办学优势，开设了习近平经济思想概论、习近平生态文明思想概论及中国共产党历史等系列思政课程，以不断丰富思政课程资源库，提升教学质量。

其次，强化"大思政课"建设理念引领要强化思政课程师资队伍。例如，内蒙古农业大学在师资队伍建设方面，采取了包括引进杰出学者、选留优秀毕业生、返聘退休教师等有力措施，以强化整体实力。为丰富思政课教学内容与形式，特别聘请了党政领导干部、企事业单位管理专家、社科理论专家等加入教师队伍，并特邀劳动模范、大国工匠等杰出代表参与授课，旨在通过多元化教学资源，提升教学质量。同时，内蒙古农业大学加强思政课教师后备力量的培养与建设，深入实施"高校思想政治理论课教师队伍后备人才培养专项支持计划"，为思政课教师队伍的持续发展奠定坚实基础。

"2022年8月教育部等10部门印发了《全面推进"大思政课"建设的工作方案》，表明中央政府部门已经明确任务，团结协作，从国家层面构建'大课堂''大平台''大师资'，做好'大宣传'。我校建设'大思政课'的基础性、前提性工作已经开启，接下来我校将继续发挥自身优势，围绕思政课改革创新，建立善用'大思政课'的决策系统、管理系统、评价系统，形成'大思政课'育人支持体系，打通思政小课堂与社会大课堂相结合的'最后一公里'，确保'大思政课'建设落细落小落实，推动思政课高质量发展，全面提升铸魂育人效果。"（受访者：包头轻工职业技术学院思想道德与法治教研室主任W老师，访问时间：2024年6月19日）

第二节 推动教学目标与教学范式相契合

新时代，为契合"以人为本"育人目标，高校思政课要不断进行自我革新，既要关注学生的德行建构、以对话教育和体验式教育加强教学方式的针对性，又要以数字化赋能思想政治教育开拓教育教学新形态，积极推动教学范式与教学目标深度融合。

一、遵循以人为本育人目标，高校思政课以传授知识为主转向以关注学生的德性建构为主

要提高对思政课的重视，务必坚守"育德为本"的核心理念，全面贯彻落实党的教育方针，核心聚焦于解决培养目标、培养方式及为谁培养这一根本问题。思政课改革要注重"以文化人，以文育人"，充分结合、深入挖掘中华优秀传统文化、红色文化、伟大建党精神、高校特色文化等优秀德育资源，采用多维展示、浸润教育方式，将中华优秀传统文化和民族精神的内在价值体系和道德规范内化于青年学生的认知、思想和行为中。同时，思政课改革应适应科技与时代发展大势，充分认识到青年学生的网络原住民身份，开展思想政治引领、网络道德、科技伦理教育、意识形态教育，培育学生"可视化素养"。思政课改革要强化教师对学生的情感关怀和人文关照，高度重视提升思政教育队伍的智能素养，加强锻造符合时代要求、具有同时代匹配的思维方式和教育理念的德育队伍，将传统德育中的人文观、情感观、创造观不断传承。

二、遵循以人为本育人目标，高校思政课倡导师生多元对话的教育方式

传统的思政课教学方式以讲授法为主，侧重于知识的单向传递，缺乏学生的主动参与。同时，部分高校对思政课的忽视，也间接影响了学生对该课程的重视程度，导致课堂参与度不高。因此，高校应当强调思政课的实践性，确立学生为本的教育理念，创新教学形式与方法。这需要将思政价值理念融入学生生活的实际问题中，通过服务学生、深入了解学生，构建实践课程，以实现学生、教师、课堂与实践的有机结合。具体而言，高校思政课应以校内课堂为核心，充分发掘和利用校内思政教育资源，同时引导学生走出校园，以社会实践课堂为辅助，将典型案例融入理论教学，进一步深化、拓展和提升理论内

涵，使学生在多元化的实践课堂中深刻体验并感悟家国情怀与爱国精神。

三、遵循以人为本育人目标，高校思政课充分利用数字技术，更精准地了解学生思想发展的实际情况和需求，实现因材施教

在数字技术时代背景下，高校需对实践教学内涵进行重新审视，并以转变思维为核心，推动各类资源的深度融合与高效交互。对于高校思政课实践教学的课程标准，其关键在于教学内容而非教学场所，即教学内容是否深刻蕴含"社会实践性内涵"。实践教学应当充分依托数字技术的用户思维和技术优势，打破时空限制，确保实践教学贯穿于高校思政课教学的全过程。同时，我们需要积极打造并有效利用各类网络平台，汇聚符合教学目标的信息与资源，实现课内到课外的有效拓展，并促进课内外的实时互动。在数字技术背景下，思政课的授课对象不仅是课程的被动接受者，更是课程的积极参与者和合作者，这一转变将推动实践教学考核的持续优化与完善。

"大学生已经初步具备了知识判断和理论思考的能力，如果思政课的教学只停留在对理论观点的简单肯定或否定，而忽视了对其科学性、理性的论证，恐怕学生很难被理论说服。因此，我校思政课的教学设计通过严谨的教学逻辑构建与演绎，增强理论的说服力和感染力，使学生能够切实感受到思政课对于自身的影响，明确思政课对价值观念、人生抉择和矛盾处理，均能够产生实际影响，从而让学生发自内心认可思政课。"（受访者：内蒙古师范大学马克思主义学院 L 老师，访谈时间：2023 年 10 月 6 日）

第三节 健全"以学生为中心"的教学评价体系

"以学生为中心"是现代教育的重要指导思想，高校思政课课堂教学中也应以此导向，从评价主体、评价方式和评价标准三方面完善课

堂教学的考核评价体系。

一、就评价主体而言，以学生和教师评价为主，以同行教师为辅助，以教学督导评价为补充

在对思政课课堂教学进行评价的过程中，学生的利益是核心考量。评价主体主要依据学生的反馈，辅以同行评价。评价主体涵盖学生、教师同行、教学督导人员及教师本人。其中，学生作为教学活动的直接参与者和受益者，其对教学质量的感知和考量最具直接性。教师本人能够直观了解自身的专业水平及提升程度。教师同行作为深谙教学领域的专业人员，能够从专业视角评价教学质量。教学督导人员则从整体角度，对教学过程、运行及结果质量进行评价。

"构建以学生为中心的思政课教学评价体系，需要我们的教师树立先进的理念，明确以学生为中心的教学评价理念。同时教师要把学生置于教学评价工作的主体地位，促使学生积极参加教学评价活动。"（受访者：内蒙古农业大学马克思主义学院S书记，访谈时间：2023年10月18日）

"除此之外，思政课教学评价体系要想做到以学生为中心，不仅需要评价主体多元化，更要运用多样性评价方式，例如学生的网络评价经由教务部门进行统计再反馈给思政课教师，而教学督导则采取课后沟通方式，同行教师通过教学研讨会方式交流经验。"（受访者：内蒙古农业大学教务处D老师，访谈时间：2023年10月19日）

二、就评价方式而言，质性评价与量化评价相结合，自我评价与他人评价相结合

教师评价作为教师专业发展程度的量度与价值判定，旨在识别教师发展过程中的问题，从而推动教师专业素养的提升。评价过程中，评价者需展现专业化素养，自觉运用量化与质性相结合的方法，确保评价的客观性与有效性，并及时向教师反馈评价结果，以满足其专业发展的需求。教师评价方式正逐步迈向量化与质性相结合的专业化轨

道。这一转变的首要动因在于，量与质研究方法的融合已成为评价专业化发展的必然需求。其次，量化与质性评价的结合是教师实现专业化发展的必由之路。鉴于此，教师评价已非单纯依赖量化或质性手段，而是依据学科、教师个体以及学校环境的差异性，科学、恰当地结合运用量化与质性的评价方法。同时，也要注重自我评价与他人评价的结合。教师最了解自己的工作背景、工作对象、在工作中的优势和困难，所以在评价一开始就要与教师沟通，根据教育教学实际和教师本人的情况，形成个体化的评价目标和评价方法。同时要创设宽松的氛围，鼓励教师提出教育教学过程中的困难和疑惑，与教师一起分析各种尝试和探索。对教师存在的优势、不足和进步形成清晰的认识，注重分析现象产生的原因，提高教师自我反思的能力，并且与教师一起提出改进的建议。在鼓励教师进行自我评价的同时，还应做到自评和他评相结合。学生、家长和同事都是教师的工作伙伴，他们不但直接或间接地参与了教学活动，而且能够从不同侧面反映教师的工作表现，对教师教学工作的改进和提高会产生积极的影响。

三、就评价标准而言，在衡量知识掌握的基础上，还应关注素质培育、教学规范、情感态度价值观培养

将"以学生为中心"的教育理念全面融入教学质量监督与评价体系中，重中之重在于评价指标的多元化。首先，素质培育是教育的重要一环。它涵盖了学生的思维能力、创新能力、团队协作能力等多方面的素质。在评价过程中，我们不应仅仅局限于学生的考试成绩，而应更多地关注学生的综合素质。这样的评价方式，能够更全面地反映学生的素质水平，为他们的未来发展奠定坚实基础。其次，教学规范是保障教育质量的重要基石。在评价过程中，我们应关注教师的教学行为是否符合规范，是否遵循教育教学的基本原则。这包括教学目标的明确性、教学内容的科学性、教学方法的多样性以及教学评价的公正性等方面。通过定期的教学检查和评估，我们可以及时发现问题并加以改进，确保教学质量不断提升。最后，情感态度价值观的培养，

是教育的灵魂所在。在评价过程中，我们应关注学生的情感状态、态度倾向以及价值观的形成。这需要我们深入了解学生的内心世界，关注他们的情感体验和成长需求。我们可以通过问卷调查、访谈等方式，了解学生的情感状态和学习动力；通过实践活动、社会服务等方式，引导学生形成积极向上、富有社会责任感的价值观念。这样的评价方式，能够真正关注学生的内心世界和成长需求，帮助他们成为具有健康情感和正确价值观的人。

第四节 以系统思维统筹课程目标体系

高校本硕博思政课是一个总体教学目标一致、课程体系连贯、课程层次递进的有机整体。统筹推进思政课建设，促进各门课程有机衔接，是新时代高校进行系统马克思主义理论教育的重要课题。

一、本科及高等职业学校专科课程重在加强理论教育和学习，高等职业学校课程应体现职业教育特色

一方面，本科阶段重点是帮助学生树立科学的世界观、人生观和价值观，为其成长成才奠定坚实的思想基础。本科阶段的思政课程应重在开展理论性学习，重点教授马克思主义的基本立场、观点、方法，帮助学生奠定科学的思想基础。一般而言，本科生低年级的学生往往对思政课充满好奇和热情，对政治理论、价值观念等方面的基础知识有着较高的求知欲。这一阶段的教学应注重传授基础知识，通过生动有趣的案例和翻转课堂，激发学生的学习兴趣，帮助他们树立正确的世界观、人生观和价值观。另一方面，职业教育作为国民教育体系中的核心构成部分，是国家在人力资源开发领域的关键环节。为了提升职业教育的适应性，职业院校在思政课教学中应紧密围绕党和国家的发展战略，紧密结合新时代的特征和现实发展需求。从价值取向上审视，职业教育适应性的增强意味着职业院校需深入贯彻立德树人的根本任务，满足经济社会发展的实际需求，并兼顾学生的个性化成长需

求。而在实践操作层面，职业教育的适应性提升则要求职业院校与产业、企业、科研机构紧密对接，实施产教融合、校企合作和科教融汇的策略。通过持续调整和优化教学目标、教学内容、教学方法、评价方法和培养模式，实现教学效果和教育质量的全面提升。这一方向与职业院校在思政课教学中增强适应性的实践操作思路高度契合。

二、研究生课程重在探究式教育和学习

相较于本科生思政课，研究生思政课的教学难度及对任课教师的要求更高。近年来随着研究生招生规模的扩大，研究生思政课作为培养德才兼备的高层次人才的主渠道，其重要性愈发凸显，务必要抓紧抓实抓好。进入研究生阶段，学生的知识储备和思维能力有了明显的提升。这一阶段的思政课程更适宜采取专题授课的形式，通过引导学生研读马克思主义经典著作，将理论知识与实际问题相结合，深入剖析社会现象，加强对马克思主义立场、观点、方法的理解和运用。如新时代中国特色社会主义理论与实践，就要在本科马克思主义基本原理概论的教学基础上，更加注重理论性和学理性。重点讲授理论如何对实践发挥指导作用，体现方法论的运用，引导学生加强对新时代中国特色社会主义重大问题的研究和思考，从而体现出研究生课程教学内容的有序深化和梯次递进。

"高校思政课有机衔接的前提，是打通本硕博各学段、保持思政课程总体教学目标的一致性。教学目标是对预期教学成果的精确表达，对落实教学大纲、制订教学计划、组织教学内容等多项教学活动有重要的导向功能，是确保教育质量、提升学生综合素质的基石。"（受访者：内蒙古医科大学马克思主义学院 T 副院长，访问时间：2023 年 10 月 11 日）

三、课程思政目标既重视价值引领又关注人格养成

信仰的力量是伟大的。通过价值引领的方式，引导学生坚守信仰，这不仅是实现思政课立德树人根本任务的直接体现，更是思政课为党育人、为国育才的不可或缺之要素。思政课教学聚焦于价值引领，这

就要求教师紧紧围绕"培养什么人、怎样培养人、为谁培养人"这一核心问题,将培养德才兼备的高素质创新人才作为根本准则,全面贯穿于教学的每一个环节。在知识传授的过程中,教师需以事实认知为基石,帮助学生构建正确的世界观、人生观和价值观,积极引导学生主动接受并信服正确的思想观念、政治要求和道德规范。教师需将理论价值转化为现实价值,实现知识传授与价值引领的和谐统一,以此全面提升思政课的教学质量和育人实效。思政课教学聚焦于人格养成,应坚守人格为本的教育理念,实施全人教育,全面推进教学内容、教学方法、教学模式创新,以满足学生生存与发展之需,并赋予其掌握幸福人生的智慧与能力,让个体生命潜能得以全面、自由、充分、和谐与可持续地释放。需要从系统视角出发,健全人格与个体的人文素养、思想意识、道德修养及心理素质紧密相连。既要突出重点、集中突破,又要多维度思考、协同发力。

第五节 加强高校协同育人建设

高校思想政治工作是一项系统工程,全党全社会都责无旁贷。在理直气壮开好思政课的同时,要加强组织协同,优化顶层设计;加强内容协同,整合育人资源;加强社会协同,创新内外联动育人模式,建立党委统一领导、党政齐抓共管、有关部门各负其责、全社会协同配合的工作格局,实现全员全程全方位协同育人。

一、加强组织协同,优化顶层设计

一是要加强党委与行政层面的协同。首先,各高等学校的党委应当积极营造有利于"大思政课"建设的健康舆论环境,有效整合并供给相关资源,构建多元化平台体系。应确立党委书记定期在校内举办讲座、开展调研的长效机制,以积极回应并解答广大师生所关注的社会现实问题,并深入探索协调解决"大思政课"建设过程中遇到的相关问题。其次,为确保校内工作的高效运转,应进一步健全工作机制,充分发挥党委总揽全局、协调各方的核心作用。党委书记与校长应率先垂范，积极主动参与并讲授思政课。此外，校内各单位需全力配合，为"大思政课"建设提供必要的教学场所、硬件设施、实践基地及技术支撑等全方位支持。最后，为完善学校"大思政课"的工作格局，需充分调动并整合各类社会资源。应保持高度的敏感性，及时捕捉、敏锐观察并分析现实生活与社会现象中蕴含的思政元素与信息，并将其及时引入"大思政课"的教学内容之中，以丰富教学内涵，提升教学质量。二是加强各教育主体层面的协同。国家全力推动"大思政课"建设的深入实施，其根本缘由在于学生政治素养与道德品质的塑造，并非学校单方面的责任，而是需学校、社会与家庭三者间构建和谐的合作生态。首要的是，学校作为教育的主战场，需积极创新"大思政课"的实践模式，强化理论与实践的深度融合，以增强课程的吸引力和实效性。同时，学校还应主动吸纳社会资源，以丰富思政课的教学内容与展现形式。其次，社会作为教育不可或缺的参与者，有责任为学校提供必要支持。各类社会组织可通过设立实践基地、策划实践活动等方式，积极参与"大思政课"建设，并促进优质思政课资源与成果的广泛传播。最后，家庭作为教育的基础单元，应与学校、社会携手并进，紧密配合学校的教育工作，关注孩子的全面发展，引导他们树立正确的价值观与人生观。唯有实现学校、社会与家庭的共同参与，构建起多方协作的育人机制，方能推动"大思政课"实现内涵式的持续发展。

二、加强内容协同，整合育人资源

在构建全面的人才培养体系中，教学资源无疑扮演着核心与基础的角色，它作为重要的中介和变量，深刻影响着学生的知识获取、技能锻造以及价值观的塑造。为打破课程间的壁垒，避免知识传授、技能培养与价值塑造的割裂，我们需充分发掘各类课程，特别是操作性课程中的思想政治教育元素，以实现课程的全面优化与功能最大化。利用社会现实和实践中丰富的教育资源，讲好思政课，其关键在于强化主流意识形态的教育传导，并以高质量内容生产为根本目标。具体而言，我们应从以下几个方面着手：首先，注入深厚的社会历史文化内涵。中华优秀传统文化是培育和践行社会主义核心价值观、坚定文化自信的重要源泉。在"大历史观"的指引下，我们应深入挖掘经史子集、文化遗产、历史遗存、革命遗址等资源中的教育价值，找准基因标识点、情理共存点、信仰熔铸点；同时，在唯物史观的指导下，提炼中国历史文化中的哲学思想、价值理念、人文精神、道德规范及其时代价值，向学生阐释中国道路的文化内涵和历史必然。其次，融汇经济社会发展成就。通过多领域、多维度的呈现，描绘亿万中国人正在书写的时代篇章，是思政课体现政治高度、时代鲜度、道理深度的重要方式。我们应当讲好新时代经济社会发展的故事，深入挖掘每个故事背后的现实基础、理论来源和精神要义。最后，汲取有益的国际社会教育资源。我们需要全面认识世界各国教育实践中的文化精粹、民族智慧等要素，并将其置于特定国家的历史文化、经济基础、社会制度中进行合理把握。在引入国外资源时，必须加强价值甄别、辨析和反思。总之，我们应汇聚跨越时空、超越国界、具有当代价值且契合课程的教育资源，引导学生形成正确的思想观念。

"我们学校努力探索开发校内外思政课实践教学资源。一方面，做好'规定动作'，优化图书馆、校史馆、资料室等校内资源配置。另一方面，拓展'自选动作'，持续挖掘开发少数民族文化体验和民族地区特色资源，将民族文化推动中华民族共同体意识培育、红色资源坚定理想信念教育、绿色资源推动生态文明建设、脱贫减贫工作助力乡村振兴战略等特色资源融入思政课实践教学中。"（受访者：包头医学院马克思主义学院W老师，访问时间：2024年6月18日）

三、加强社会协同，创新育人模式

思政课教学应当突破传统课堂限制，走出校门，深入社会，实现学校小课堂与社会大课堂的有机结合。应聚焦学生社会体验，坚持实践育人的原则。结合社会发展实际，充分发掘与利用社会资源，为思政课教学提供丰富多样的案例和实践素材，此举旨在增强思政课程与学生现实生活的紧密联系，实现理论与实践的深度融合，从而提高课程的针对性和实效性，避免理论与实践脱节。高校应坚守"开门办思政"的教学理念，积极探索并实践"以教促学、以学促用、学用相长"的教学模式，构建"大思政课"实践教学基地及高校综合性教育实践体验基地。同时，与校外博物馆、纪念馆、陈列馆等共建文化体验基地，使思政课教学更具亮点，激发学生传承红色基因、弘扬革命传统、奉献新时代的使命感。此外，应组织学生积极参与"双百行动计划""服务乡村振兴行动计划"等实践活动，使学生在实践中获得深刻认知，提升综合能力，完善个人素质，塑造健全人格。同时，利用"学生社会实践动态管理系统"等现代化工具，实现对学生社会实践的实时动态管理，构建全员参与、全程跟踪、全面服务、协同管理的长效机制，共同推动实践育人的深入发展。

"全员育人，就是由学校、家庭、社会、学生组成'四位一体'的育人机制。学校是学生思想政治教育的主阵地，不仅要配齐建强思政课教师队伍，专业教师、党政干部、后勤管理等教职员工还要依托各自优势和岗位职责，共同参与教书育人、管理育人、服务育人。家庭是人生的第一所学校，家长要以身作则，帮助他们扣好人生第一粒扣子。社会是一所最大的学校，要积极参与学生思想政治教育。"（受访者：包头医学院党委宣传部 L 老师，访问时间：2024 年 6 月 18 日）

第五编

内蒙古高校思政课改革"教育教学内容适应"评估指标体系的应用

第一章　内蒙古高校思政课改革"教育教学内容适应"评估指标等级评判

利用模糊综合评价法对内蒙古高校思政课改革"教育教学内容适应"等级进行综合评判，设 U_1={整体系统创新，马克思主义及其中国化理论成果，习近平新时代中国特色社会主义思想}，并设评语集 V={差，较差，中，良，优}，根据 $B = A \times R$ 可得：

$$B_{11} = (0.000, 0.000, 0.001, 0.001, 0.004)$$
$$B_{12} = (0.001, 0.001, 0.003, 0.007, 0.017)$$
$$B_{21} = (0.001, 0.008, 0.002, 0.004, 0.003)$$
$$B_{22} = (0.001, 0.001, 0.003, 0.006, 0.015)$$
$$B_{23} = (0.000, 0.000, 0.002, 0.003, 0.001)$$
$$B_{24} = (0.002, 0.001, 0.004, 0.009, 0.022)$$
$$B_{31} = (0.004, 0.002, 0.040, 0.023, 0.028)$$
$$B_{32} = (0.052, 0.002, 0.010, 0.023, 0.008)$$
$$B_{33} = (0.001, 0.000, 0.002, 0.012, 0.003)$$
$$B_{34} = (0.002, 0.011, 0.007, 0.008, 0.005)$$

同理可得内蒙古高校思政课改革"教育教学内容适应"3 个一级指标整体系统创新、马克思主义及其中国化理论成果、习近平新时代中国特色社会主义思想的评判等级：

$$B_1 = (0.002, 0.001, 0.004, 0.009, 0.021)$$
$$B_2 = (0.004, 0.009, 0.011, 0.023, 0.042)$$
$$B_3 = (0.058, 0.015, 0.059, 0.066, 0.044)$$

内蒙古高校思政课改革"教育教学内容适应"等级综合评价为：

$$B = (0.064, 0.026, 0.074, 0.098, 0.107)$$

根据最大隶属度原则,找到 $\max_{1\leq k\leq m}\{b_k\}$ 及其对应级别,其中"教育教学内容适应"总评价等级为"优",其他维度指标评价等级如表 5-1 所示。

表 5-1 内蒙古高校思政课改革"教育教学内容适应"评估指标等级

一级指标	评价等级	二级指标	评价等级
整体系统创新	优	纵向延展情况	优
		横向交流情况	优
马克思主义及其中国化理论成果	优	思想引领类内容	较差
		政治教育类内容	优
		道德涵育类内容	良
		心理建设类内容	优
习近平新时代中国特色社会主义思想	良	进入课程情况	中
		融入课堂情况	差
		深入现实情况	良
		嵌入实践情况	较差

第二章　内蒙古高校思政课改革"教育教学内容适应"中存在的问题

依据"内蒙古高校思政课改革教育教学内容适应评估指标体系"和"内蒙古高校思政课改革教育教学内容适应评估指标等级"的实证分析，内蒙古高校思政课改革教育教学内容适应评估指标中"基础条件"的等级评判为"较差"，"人力资源""业务活动产出"的等级评判为"差"，这一结果表明内蒙古高校思政课改革"教育教学内容适应"中存在"马克思主义及其中国化理论成果"教学的思想引领力有待加强、"习近平新时代中国特色社会主义思想"融入课堂效果欠佳与实践教学不足的现实困境。

第一节　"马克思主义及其中国化理论成果"教学的思想引领力有待加强

实证分析显示"马克思主义及其中国化理论成果"中二级指标"思想引领类内容"评价等级为较差，这表明思政课不能有效解决学生信仰问题，马克思主义及其中国化理论成果对青年学生的思想引领力弱，部分大学生的马克思主义信仰不够坚定。

一、没能充分解答学生在理解马克思主义过程中存在的困惑

马克思主义是一个不断发展的理论体系，其内涵丰富、理论深邃。而现实中，部分高校的思政课教学过程缺乏对理论核心观点、基本原理以及时代价值的深入剖析和解读。这使得学生难以把握理论的精髓

和实质，容易产生浅显化、片面化理解。同时，部分高校的思政课程未能充分考虑大学生在认知水平、思维能力、生活阅历等方面存在的差异性，采用"一刀切"的教学方式，学生反映：难以跟上教学进度，尤其是对马克思主义专业理论及相关概念存在困惑。

二、对马克思主义存在过于政治化的释读

部分高校的思政课程过于强调马克思主义的政治立场和意识形态属性，而忽视了其作为科学理论体系的丰富性和复杂性。访谈中，部分学生表示：马克思主义课程可以简单地等同于政治说教，确实很难感受到其理论魅力和实践价值。可见，在过于政治化的释读下，部分高校的思政课程缺乏对马克思主义理论的深入剖析和学术性探讨，加上学生少有机会直接接触到马克思主义的经典著作和理论原文，故难以形成全面、系统的理解。

三、教育内容过于抽象化和思辨化，对现实解释力和指导力不足

部分高校的思政课程中的教育内容往往侧重于理论知识的传授，忽视与现实生活的紧密联系，调研中，有学生反映"这些理论高高在上，仿佛空中楼阁，实在难以理解和应用于实际情境中"。同时，部分高校的思政课程缺乏针对现实问题的深入剖析和案例分析，过分强调理论的思辨性，缺乏实践操作和体验的环节，学生难以看到马克思主义理论在解决实际问题中的应用和效果，无法真正感受到理论的实践价值。（受访者：内蒙古大学Z、L、S、W学生群体访谈，访谈时间：2024年5月22日）

第二节 "习近平新时代中国特色社会主义思想"融入课堂效果欠佳

等级评判结果显示，一级指标"习近平新时代中国特色社会主义

思想"中"融入课堂情况"的评分仅为 0.218，说明习近平新时代中国特色社会主义思想未能深度融入思政课堂。调研中，部分学生反映存在教学方式与教学内容不匹配、理论阐释不够深入、未能充分挖掘其他思政课程内含的教育资源等现象。

一、教学方式与教学内容不匹配

在思政课的教学过程中，部分高校的思政课教师未能充分利用现代教学手段，有效引导大学生深入学习该思想的重要内容和思想精髓。教学过程仍然停留在单向灌输阶段，往往以教师为中心，采用讲授式教学，未能转变为双向互动的教学模式。同时，部分教师更多地关注课堂教学，忽视了社会实践的重要性。访谈中，多数学生认为"课堂讨论和实践活动能够有效提升我们的批判性思维能力，有课堂讨论才有观点碰撞，才有意思嘛，真理是越辩越明的"。（受访者：内蒙古师范大学 M、W、G 学生群体访谈，访谈时间：2023 年 10 月 9 日）

二、理论阐释不够深入

首先，在教学过程中，部分高校的思政课教师对习近平新时代中国特色社会主义思想关键概念的讲解仅停留在表面，缺乏深度剖析和多维度解读。学生难以准确把握概念的内涵、外延及其与其他概念的内在联系，导致理解片面、不透彻。这种浅尝辄止的教学方式无法帮助学生构建起坚实的知识基础。其次，任何理论都有其产生的历史背景和时代特征。部分高校的思政课教师在习近平新时代中国特色社会主义思想课程教学中，忽略了该理论产生的历史条件和社会环境，学生对理论的理解产生割裂感，难以把握其历史必然性和发展脉络。这种教学方式不利于培养学生的历史思维能力和历史责任感。访谈中一些学生表示："希望老师讲课过程中能够多融入一些历史知识和文化常识，对我们更好地理解习近平总书记重要著作的深刻蕴意，具有十分重要的启示作用。比如，习近平总书记在《增强推进党的政治建设的自觉性和坚定性》中这样引用：党的十八大以来，在全面从严治党实践中，我们深刻认识到，党内存在的很多问题都同政治问题相关联，都是因为党的政治建设没有抓紧、没有抓实。'治其本，朝令而夕从；救其末，百世不改也。'不从政治上认识问题、解决问题，就会陷入头痛医头、脚痛医脚的被动局面，就无法从根本上解决问题。其中，需要结合北宋苏轼《关陇游民私铸钱与江淮漕卒为盗之由》一文中'治其本，朝令而夕从；救其末，百世不改也'，来解释该句话的大意是从根本着手进行治理，政令将会迅速得到执行；若只从细枝末节进行治理，即使经过很多年也难以有所改变。"（受访者：内蒙古财经大学Z、W学生群体访谈，访谈时间：2022年6月13日）最后，理论体系的构建离不开严密的逻辑推导。部分高校的思政课教师在习近平新时代中国特色社会主义思想课程的理论讲解过程中存在逻辑跳跃、推理不严谨的问题。

三、未能充分挖掘其他思政课程内在蕴含的教育资源

首先，习近平新时代中国特色社会主义思想课程作为思政课程体系的重要组成部分，与其他思政课程（如马克思主义基本原理概论、中国近现代史纲要、毛泽东思想和中国特色社会主义理论体系概论等）之间存在着紧密的内在联系。然而，在实际教学中，部分高校的思政课教师仅关注习近平新时代中国特色社会主义思想课程本身的教学内容，忽视了它与其他思政课程之间的关联性，没有充分利用这些课程之间的共通点和互补性来增强教学效果。其次，在习近平新时代中国特色社会主义思想课程的教学过程中，经典著作、典型案例、时代热点等教育资源没有得到有效的整合和利用，表现出教学内容的单一重复或脱离实际。访谈中部分学生表示："现在大多数学生都很关心国内和国际的时事热点，尤其是一些和我们自身相关的案例，比如数字经济迅猛发展、美元加息等货币政策、中国人口红利逐渐消失等，希望老师在教学过程中能结合现实问题阐释习近平新时代中国特色社会主义思想。"（受访者：内蒙古民族大学Z、H学生电话访谈，访谈时间：2024年5月5日）

部分高校的思政课教师未能充分借鉴其他思政课程中的优质教学素材，或者未能将不同课程中的教育资源进行有机融合，以形成更

具深度和广度的教学内容。最后，思政课程作为一门综合性很强的学科，其教学内容涉及哲学、历史、政治、经济等多个领域。在习近平新时代中国特色社会主义思想课程的教学过程中，如缺乏跨学科视野和跨学科思维方式的培养，将导致学生对知识的理解和运用受到限制。有部分高校的思政课教师未能引导学生从多个角度、多个层面去审视和思考问题，也未能充分借鉴其他学科的研究成果来丰富和深化习近平新时代中国特色社会主义思想课程的教学内容。

第三节 "习近平新时代中国特色社会主义思想"实践教学不足

对"习近平新时代中国特色社会主义思想"下的二级指标进行评判时，除"融入课堂情况"外，"嵌入实践情况"表现最差，等级评判结果为"较差"。课题组深入内蒙古地区高校习近平新时代中国特色社会主义思想概论课程的备课研讨、课堂讲授、专题探索和考核评估各环节中，部分学生和教师反映，当前针对该理论的思政教学仍然以知识性灌输、理论性阐释为主，教学内容与实践应用一体化融合不够。

一、社会实践活动吸引力不足，青年学生的参与感、代入感、获得感欠缺

当前，部分高校思政课的社会实践活动形式较为单一，往往局限于传统的参观考察、志愿服务等。这些活动虽然有一定的教育意义，但难以长期吸引学生的注意力，导致学生的参与热情和积极性不高。另外，部分社会实践活动在内容上与现实生活脱节，缺乏针对性和时效性。学生可能觉得这些活动与自己的学习生活、未来发展关系不大，缺乏参与动力。一些活动在设计上缺乏创新，难以激发学生的兴趣和好奇心。

二、体验式、探究式、议题式教学活动组织较少

这种教学模式的缺乏，限制了学生在思政课中的主动参与和深度学习，影响了教学效果的提升。当前，部分高校的思政课堂仍采用传统的讲授式教学，教师单方面传授知识，学生被动接受。这种教学模式缺乏互动性和参与性，难以激发学生的学习兴趣和主动性。部分高校欠缺组织体验式、探究式、议题式教学活动所需的丰富教学资源和外部支持，如实践基地、案例库、专家讲座等。同时，部分思政课教师在设计和组织体验式、探究式、议题式教学活动方面缺乏经验和能力，并不非常熟悉这些教学模式的理论基础和实践方法，活动效果不佳。

三、专题式教学重点不突出、各主题衔接不畅

专题教学中，部分高校的思政课教师备课不充分，或是为全面覆盖课程内容而未能聚焦核心知识点，教学内容过于宽泛。学生反映：上课时有时感到迷茫，不清楚哪些内容是需要深入理解和掌握的。面对有限的课堂时间，部分思政课教师难以平衡各个专题的时间分配，某些重要专题被压缩或简化，未能充分展开和深入探讨，严重影响学生对重点内容的掌握和理解。同时，各专题间的逻辑关系未能在教学中得到明确阐述，学生难以将不同专题的内容联系起来形成一个整体框架，学生感到各个专题之间缺乏联系和连贯性。思政课教师在章节或专题过渡时缺乏必要的衔接与引导环节，学生难以适应新专题的学习内容和思维方式，严重影响学生的学习体验和效果。

第三章 内蒙古高校思政课改革"教育教学内容适应"中的制约因素分析

第一节 影响教学内容思想引领力强化的因素

首先,随着社会的快速发展和时代变迁,学生的思想观念、价值取向也在不断变化。然而,部分高校的思政课教学理念未能及时跟上这一变化,仍停留在传统框架内,缺乏对学生新思想、新需求的敏锐洞察和有效回应。长期以来,思政课教学受到传统观念的深刻影响,部分教师和学生仍然固守旧有的教学模式和思维方式,难以接受和适应新的教学理念。这种传统观念的束缚导致思政课在教学目标、内容、方法等方面难以突破创新。同时,当前思政课的教学内容在一定程度上存在重复、陈旧的问题,缺乏与时代发展紧密结合的新颖素材和案例。这使得课程内容难以激发学生的学习兴趣和共鸣,降低了教学的针对性和实效性。

其次,思政课作为一类具有显著政治属性的公共基础课程,在高校教育体系中的地位相较于其他专业课而言,一直较弱。尽管大部分高校学生能够认识到思政课的重要性,但其中有一部分学生的理解尚显肤浅,他们或是仅将思政课视为了解国家大政方针的途径,或是视其为不能忽视的必修课程以避免挂科。另有少数学生认为思政课与中学时期的政治课程相似,内容较为宏大而缺乏实际联系,课程内容抽象难懂,理论高深却感觉无实际用处,且课程负担相对较轻,甚至无明确的课业要求,从而觉得其对就业的帮助远不及专业课,因此将思政课视为可逃避的课程。

最后,受多元思潮影响和西方文化冲击,校园内实用主义和虚无主义盛行，思政课堂如果不能将马克思主义讲得极具说服力、吸引力和实效性，将会极大降低马克思主义在青年学生中的信服度，难以充分发挥马克思主义思想引领作用。西方文化中所倡导的个人主义与批判性思维，正逐渐为中国大学生所接受并付诸实践，这在一定程度上对传统的集体主义价值观构成了挑战。同时，这种文化的冲击亦引发了适应上的难题，部分学生在传统与现代、本土与西方文化的交汇碰撞中感到困惑与矛盾。可见，如何在尊重多元文化的基础上维护本土文化的连续性与独特性，已成为当代大学生亟需解决的问题。

第二节 影响党的创新理论有效融入课堂教学的因素

首先，教学方法枯燥单一。传统习近平新时代中国特色社会主义思想课程教学方法多以讲授为主，缺乏多样性和互动性，容易使学生感到枯燥乏味，难以集中注意力。这种单一的教学方法不利于激发学生的学习兴趣和主动性。教师单方面向学生传授知识的方式，虽然能够系统地阐述习近平新时代中国特色社会主义思想理论内容，但形式单调，容易使学生感到乏味。部分高校思政课教师没有做到灵活运用讲授法，结合提问、讨论等方式，增加师生互动，因此使得课堂枯燥乏味。同时，部分高校思政课教师在讲授习近平新时代中国特色社会主义思想课程的过程中所使用的案例过于陈旧，没有选取并使用具有时代特征的案例，同时也与学生现实生活脱节，因此难以引起学生的共鸣和兴趣。

其次，师生互动不足。在习近平新时代中国特色社会主义思想课程教学中，部分高校的思政课教师往往注重知识的传授，而忽视了与学生的交流和互动。这种缺乏师生互动的课堂氛围容易使学生感到被动和疏离，难以形成积极的学习态度。在习近平新时代中国特色社会主义思想课程课堂上，教师提问的频率往往偏低，且部分问题设计缺乏深度与启发性，难以激发学生的深度思考与讨论，导致部分学生在课堂上处于被动接受状态，缺乏主动参与的积极性，进而导致课堂氛围沉闷。同时，部分高校的习近平新时代中国特色社会主义思想课程的课堂上，尽管也存在师生之间的互动，但互动形式主要局限于提问与回答，缺乏多样化的互动模式，难以持续吸引学生注意力。

最后，课时安排不合理。一部分高校习近平新时代中国特色社会主义思想课程与其他专业课程在总课时分配上存在不平衡，导致前者课时偏少，难以充分覆盖所有重要内容和议题。而另一部分高校在安排习近平新时代中国特色社会主义思想课程课时，未合理规划教师周课时，存在部分思政课教师周课时安排过于集中的情况。这使得教师备课压力大，难以充分准备教学内容，也不利于学生对知识进行消化吸收，影响习近平新时代中国特色社会主义思想课程的教学质量。同时，习近平新时代中国特色社会主义思想课程是一门与社会热点和时事政治关系紧密的课程，思政课教师在讲授过程中应当将这些内容有机结合起来。这些内容并非传统的已成体系的理论知识，因此适合用专题的形式来进行讲解。但目前部分高校习近平新时代中国特色社会主义思想课程的课堂上，教师为了完成传统理论知识的教学任务，而忽视了专题讨论与学习。专题讨论的时间有限，教师难以及时将热点相关事件融入教学内容中，学生参与度不高，难以形成深入的交流和碰撞。

第三节　影响党的创新理论实践教学开展的因素

从根本上而言，思政课的实践教学环节，旨在作为课堂理论教学的有益补充和有效拓展，同时亦是对思政课教学实效性的检验和实际应用的具体体现。目前，"习近平新时代中国特色社会主义思想"实践教学的制约因素大致包括以下几方面。

首先，学生校外实践安全风险较高。教学场景多设于校外，实践活动的开展伴随着人身安全隐患等风险。部分高等院校更倾向于重视课堂理论教学。由于实践教学活动涉及人数众多，实现全面覆盖的实践教学活动存在一定的难度。校外实践环境复杂多变，存在交通、天气、意外事故等多种安全隐患，给学生的人身安全带来潜在威胁。同时，部分高校在校外实践活动中，学校、教师、学生及合作单位之间的法律地位与权责界定不明确，一旦发生安全事故，容易出现责任推诿、处理不及时等情况。

其次，实践指导教师有限。实践教学活动的顺利进行不仅要求指导教师具备与习近平新时代中国特色社会主义思想相关的专业知识基础，还必须拥有出色的教学组织、管理及应对突发状况的能力，以便更有效地组织实践教学活动。然而，对于大多数高等院校而言，指导教师队伍的建设尚存不足，无论是在教师数量还是质量上均有待提升。随着学生人数的增加和实践教学需求的扩大，现有的思政课实践指导教师数量难以满足教学需求，师生比例失衡，影响教学质量。部分思政课实践指导教师虽然具备扎实的理论基础，但与实际教学需求的专业匹配度不高，难以有效指导学生进行实践活动。

最后，教学评价体系尚不完善。目前，部分高校对于习近平新时代中国特色社会主义思想实践教学课程的评价标准上仍存在单一和僵化的问题，缺乏详尽且完善的考核评分标准，以及相应的考核奖惩机制。这种不完善的评价体系难以准确评估出实践教学的真实成效，对于实践教学的评价体系可能存在不完善之处，过于注重结果评价而忽视过程评价，导致学生只注重完成实践任务而忽视了实践过程中的学习和成长。部分高校对于习近平新时代中国特色社会主义思想课程实践教学的目标设计往往较为笼统，缺乏具体、可操作的目标指标，难以对实际教学效果进行精准评估。同时，由于资源投入有限，部分高校在思政课实践教学的评价过程中面临人力、物力、财力等方面的制约，影响了评价工作的深入开展和效果提升。

第四章 推动内蒙古高校思政课改革"教育教学内容适应"的优化路径

基于"内蒙古高校思政课改革教育教学内容适应评估指标体系""内蒙古高校思政课改革教育教学内容适应评估指标等级评判"的实证考量,探寻内蒙古高校思政课适应性改革在马克思主义及其中国化理论成果思想引领类内容教学情况、习近平新时代中国特色社会主义思想进入课程与融入课堂情况三方面存在的现实困境及其根源所在,由此形成从推动马克思主义信仰教育、习近平文化思想、习近平法治思想、习近平生态文明思想融入高校思政课教学四方面,推动内蒙古高校思政课改革高质量发展。

第一节 推动马克思主义信仰教育融入高校思政课教学

一、坚持以问题为导向深入拓展教学内容

必须坚持问题导向是党的二十大报告提出的"六个必须坚持"中一项重要内容。优化拓展思想政治教育内容必须坚持问题导向,注重回答受教育者普遍关注、疑惑不解和存在误解的问题,防止出现理论与实际出现偏离的"两张皮"现象以及忽视具体问题的"空对空"现象。问题是时代的声音,回答并指导解决问题是理论的根本任务。习近平总书记指出:"改革是由问题倒逼而产生,又在不断解决问题中得以深化。"①"要有强烈的问题意识,以重大问题为导向,抓住重大问

---

① 习近平:《习近平谈治国理政》第一卷,外文出版社2014年版,第74页。

题、关键问题进一步研究思考，找出答案，着力推动解决我国发展面临的一系列突出矛盾和问题。"①问题导向是对马克思主义矛盾观的继承与发展，思想政治教育的内容在问题导向的指导下也应因"势"而动，因"时"而新。在时代向前推进层面，思想政治教育内容应根据时事政治及时更新内容，以马克思主义立场、观点、方法来看待当今时代所发生的新事件、大事件，以此为基点引导学生自觉运用马克思主义，提高对马克思主义的认识。在学生教育层面，不同时代的学生都具有其所属时代的特征，这也就要求我们在思想政治教育内容上要"因时而新"。根据不同年龄段的学生所面临的问题，具体地、适当地调整思想政治教育内容，以马克思主义的真理力量化为具体的引领力量，顺应时代变化，符合学生发展成长规律。

二、充分发挥协同力量构建育人共同体

习近平总书记在全国高校思想政治工作会议上强调，"使各类课程与思想政治理论课同向同行，形成协同效应。"②统筹推进课程思政与思政课程建设，既要坚持把思政课程是实现立德树人根本任务的关键课程抓出成效，也要坚持把课程思政是实现协同育人的重要课程形成特色，真正实现各类课程与思政课程同向同行。教学实践中常常发现部分思政课程注重价值引领，忽视理论或知识讲授，沦为缺乏内容的"心灵鸡汤"，难以真正激发学生共情共鸣，无法启智润心。部分专业课程教学过程中也存在机械性融入思政内容，不能做到有机融入、无缝对接，造成知识讲授与价值塑造的严重割裂。要统筹好思政课程与课程思政协同建设，需要始终做到如下几点。一是明确定位。思政课程作为立德树人关键课程要重在思想引领、理论讲授、价值塑造，筑牢学生的马克思主义理论根基，坚定学生"四个自信"，引导青少年学生健康成长成才等方面凝心聚力；课程思政重在以知识或理论讲授

---

① 习近平：《习近平谈治国理政》第一卷，外文出版社 2014 年版，第 74 页。
② 新华社：《习近平在全国高校思想政治工作会议上强调：把思想政治工作贯穿教育教学全过程开创我国高等教育事业发展新局面》，《人民日报》2016 年 12 月 9 日 01 版，http://dangjian.people.com.cn/GB/n1/2016/1209/c117092-28936962.html?ivk_sa=1024609w，访问日期：2024 年 6 月 13 日。

为抓手，将思政元素以润物无声方式进入课程教学，让学生学会用马克思主义立场观点方法观察世界、把握时代、指导人生，做到既丰富学识又涵养情怀、既增长本领又挺膺担当。二是把握重点。思政课要用好课堂主渠道，发挥立德树人显性课程的关键作用，各类专业课程及选修课程要发挥协同育人的重要作用，共建课程资源共享平台，形成思政课程与课程思政的有机联动。三是重在实践。建立并使用好校内校外综合实践教学基地，激活实践教学资源，丰富实践教学内容，创新实践教学载体，推动专业课程、思政课程实践教学基地打通建设、协同发力，将思政课的小课堂与实践教学的大课堂相互促进，共同助力拔尖人才的培养。

三、善于运用新媒体技术创新优化教学方法

新媒体时代，高校思想政治教育迫切需要优化与创新。只有打破传统思想政治教育的壁垒，融入新媒体技术与理念，实现对教育模式的创新，才能在以学生为本的教育观下，优化高校思想政治教育。对高校思想政治教育的创新，不仅是当前时代与社会发展的需求，也是教育改革的必然趋势，因此应受到高校的重视。新媒体为高校思想政治教育提供助力。在优化教学设备方面，新媒体技术的升级推动设备优化，在教育领域同样如此，能够为高校思想政治教育提供功能多样的教学设备，为相关工作的落实创造良好的条件。例如，智慧教室就是新媒体技术深入应用于教育领域的成果，通过综合运用互联网技术与物联网技术，能够实现智慧学、远程控制等，满足教师的需求，为思政教学活动的开展提供助力与支持。不仅如此，智慧教室还可以与大数据技术结合，了解教学内容与教学方法对应的教学效果，推动课程教学质量提升。在丰富教学资源方面，新媒体的发展为高校获取思想政治教育资源提供了多样性与全面性的渠道，起到了丰富思想政治教育资源的作用。一方面，高校教师可以通过官方网站了解思想政治教育政策的前沿变化，并获取相关领域专家学者对政策的分析与解读，以此为改革新媒体思想政治教育提供方向指引。另一方面，高校思想政治教师可以在网络平台获取优秀教师的教育理念、教育模式与教育

内容，汲取其中的先进经验，并结合本校学生的真实学情设计新颖的思政教学方式。在拓展教学模式方面，传统模式下，高校思想政治教育受到场地与学时的限制，因此教师在选择教学模式与教学方法时，不得不将教学进度作为主要考虑的因素之一。一些教师选择忽略学生主体地位的宣讲式教学，甚至不得不压缩部分教学内容，导致学生出现知识结构不平衡、不完整的问题。新媒体的高速发展不仅拓展了高校思想政治教育的内容，而且突破了课时限制。高校思政教师可以对教学内容作出优先等级与侧重程度的规划和安排，根据教学内容的属性与特点将相关内容上传到网络教学平台，使学生充分发挥自身的主观能动性进行自学。这种方法不仅能够减轻教师的课时与进度压力，也更加符合学生的学习习惯与认知特点，能够带动思想政治教育质量和效率的提升。

第二节 推进习近平文化思想融入高校思政课教学

一、以完善系统布局促进习近平文化思想全面融入

习近平文化思想是对马克思主义文化理论的继承与发展，是新时代新征程上中国特色社会主义文化建设的最新成果，具有严密的理论逻辑与丰富的内容体系。习近平文化思想的创立推进了马克思主义基本原理同中国具体实际相结合、同中华优秀传统文化相结合，彰显了马克思主义的真理性与生命力，突显了中华优秀传统文化创造性转化、创新型发展的活力。习近平文化思想是社会主义文化建设与文化强国的行动指南，应成为高校思想政治理论课的重要内容。以完善系统布局促进习近平新时代中国特色社会主义思想的全面融入，构建起"以文化人"的教学理念。首先是坚定对马克思主义的信仰。当今时代，经济全球化进程深刻演进，各种思想、文化相互激荡融合，为了更好地践行文化自信，担负起新的文化使命，关键是要坚定对马克思主义的信仰，坚持中国特色社会主义道路。高校应高举马克思主义这一立党立国、兴党兴国的旗帜，思政课教师要坚守马克思主义魂脉，也要

深植中华优秀传统文化根脉。中华优秀传统文化是马克思主义扎根中华大地的沃土，以中华优秀传统文化滋养中国特色社会主义道路，坚持马克思主义在意识形态领域的根本指导作用，让马克思主义信仰成为广大学子投身社会主义现代化建设鲜明旗帜，让经过"两个结合"而形成的中国特色社会主义新文化转化为大学生为国家为民族奋斗的精神动力和不竭源泉。其次自觉践行社会主义核心价值观。社会主义核心价值观从本质上来说是文化的灵魂与精髓，文化是核心价值观的历史现实表现形式。进入新时代以来，习近平总书记就建设社会主义核心价值观体系，培育和践行社会主义核心价值观提出了一系列新思想、新论断，极大地推动了社会主义核心价值观的构成，深化了社会主义新文化建设的规律性认识，为建设文化强国、坚定"四个自信"提供了根本遵循。思政课教师应着力推动社会主义核心价值观在思政课教学过程中的引领地位，做到价值旗帜鲜明，并以此为根基，引领大学生情感认同和行为习惯，实现自觉践行社会主义核心价值观的教学目标。最后做到明大德、守公德、严私德。习近平总书记在北京大学师生座谈会上强调："要把立德树人的成效作为检验学校一切工作的根本标准，真正做到以文化人、以德育人，不断提高学生思想水平、政治觉悟、道德品质、文化素养，做到明大德、守公德、严私德。"①中华民族拥有丰富的、成熟的、独具特色的道德价值体系，以人的生命情感为内核彰显高尚的道德品质，明大德、守公德、严私德正是如此。高校思政课是落实立德树人根本任务的关键，教师要在思想政治教育过程中注重中华民族中历代相传的道德品质培养，引领学生深刻感受生命情感的内在意义，自觉成为继承和弘扬中华优秀传统文化和中华传统美德的主体。

二、以扎实理论根基促进习近平文化思想完整融入

全国宣传思想文化工作会议从"体"和"用"两个层面，梳理概括了11个方面重大创新观点和16个方面战略部署，初步阐发了这一

---

① 习近平：《在北京大学师生座谈会上的讲话》，人民出版社2018年版，第7页。

重要思想的基本架构和主要内涵。要全面、深刻理解习近平文化思想的整体内核，系统树立习近平文化思想的整体，以保证在教育教学过程中的完整性，并且紧跟理论创新，保证其发展性。学思践悟习近平文化思想，深刻理解其中所蕴含的哲理。习近平文化思想表明了我们党对社会主义文化事业建设的规律认识达到了新高度，表明了我们党对历史自信、文化自信达到了新高度。要牢牢把握习近平文化思想的历史以及现实意义。习近平文化思想坚持时代性与历史性相统一、民族性与世界性相统一，坚持继承性和创新性相统一、理论性与实践性相统一，深刻回答了新时代我们党要引领广大人民走什么样的社会主义现代化文化建设道路，在文化建设中举什么旗，坚持什么原则、实现什么目标等方向性、战略性、全局性问题，为推进中华文化持续繁荣，赓续发展中华文明，应对国际文化交流竞争打好了共同思想基础。要深刻领会这一重要思想的政治意义、理论意义、实践意义，在教育教学过程中切实增强师生的政治自觉、思想自觉、行动自觉。牢牢把握习近平文化思想的精神与内核。习近平文化思想以深厚的中华优秀传统文化与灿烂的中华文明为基底，深刻总结我们党百年来领导文化建设的历史探索，深刻洞察新时代文化建设规律与实践，全面阐明了新时代文化建设的地位作用、目标任务、方针原则、战略路径、实践要求，用"九个坚持"的原则高度概括我们党对于宣传思想文化工作的规律性认识，明确文化建设的"十四个强调"，包含了宣传思想文化工作的方方面面，立意高远、内涵丰富，在思想政治教育过程中，主客体要深刻把握习近平文化思想中的世界观、方法论以及其立场、观点、方法，在体用两方面深刻把握社会主义文化建设中的普遍性规律。

三、以契合课程特征促进习近平文化思想科学融入

首先习近平文化思想应契合高校思政课程，在原本所涉及的思政课基础上，牢牢把握习近平文化思想的核心，以全新的视角看思政课程。《新时代学校思想政治理论课改革创新实施方案》规定：本科及高等职业专科学校要围绕"马克思主义基本原理""毛泽东思想和中国特色社会主义理论体系概论""中国近现代史纲要""思想道德与法治"

"形势与政策"①等课程来开展教学活动。第一，紧贴"马克思主义基本原理""毛泽东思想和中国特色社会主义理论体系概论"中的理论主题。马克思主义基本原理主要讲授马克思主义的立场、观点、方法。毛泽东思想和中国特色社会主义理论体系概论主要讲授在中国共产党的实际探索下，马克思主义基本原理同中国具体实际相结合产生的马克思主义中国化的两次飞跃。习近平文化思想是源于前人的理论与实践探索，也是新时代领导人对于社会主义建设文化的深刻总结，更是运用马克思主义对中华文明的发展规律、中国特色社会主义发展规律和人类文明新形态发展规律认识的理论总结。因此，习近平文化思想融入这两门课程，要贴合马克思主义文化理论和马克思主义中国化时代化的文化、文明主题，引领学生理解马克思主义真理、社会主义文化以及中国共产党文化领导权为什么行，社会主义文化建设向何处去。第二，紧抓"思想道德与法治"中的知行统一。该课程主要讲授马克思主义世界观、人生观、价值观、法治观的基本内容及其相互关系，并且指导学生如何从事社会实践。习近平文化思想，"体用贯通"是其鲜明特征，习近平文化思想的"体"是习近平总书记关于文化理论观点上的创新和突破；习近平文化思想的"用"是习近平总书记关于文化工作布局上的部署和要求。习近平文化思想融入高校思政课程要贯彻"明体达用"的基本要求，帮助学生领会习近平文化思想的科学体系，同时以习近平文化思想引领学生开启"智慧"，将其内化于心，外化于行。第三，紧扣"中国近现代史纲要"中的文化自信。习近平文化思想其中心议题始终是探寻中华文明发展规律，在讲授近代中华文化衰败的同时也讲授出中国共产党是怎样一步一步探索出适合中国国情的文化道路，如何建立起文化自信。在这个过程中引导学生领会基于文化自信选择中国特色社会主义道路的必然性。第四，紧跟"形势与政策"中的强国建设。该课程围绕新时代中国特色社会主义的最新理论成果和生动实践，主要讲授马克思主义形势观与政策观、党的路

---

① 中共中央宣传部、教育部：《中共中央宣传部 教育部关于印发〈新时代学校思想政治理论课改革创新实施方案〉的通知》，教材〔2020〕6 号，https://www.gov.cn/zhengce/zhengceku/2021-01/01/content_5576046.htm，访问日期：2024 年 6 月 21 日。

线方针政策，以及世情国情党情民情。习近平文化思想是立足于国内主要矛盾变化，中华民族伟大复兴战略全局和世界百年未有之大变局所形成的。因此，习近平文化思想融入该课程教学，需要紧跟现实条件的社会主义文化强国建设，鼓励大学生站在正确的立场和观点下对现实的社会主义文化建设进行积极思考，以理论引领力，引导学生积极参与社会主义文化强国建设。

第三节 推进习近平法治思想融入高校思政课教学

一、挖掘习近平法治思想教学内容

习近平法治思想是中国共产党在依法治国实践的基础上，聚焦实践探索、经验总结和理论升华的智慧结晶，其形成具有内在的理论逻辑、历史逻辑、实践逻辑。习近平法治思想体系以十一个坚持为主题内容，将习近平法治思想融入高校思政课，不仅仅要深刻掌握其内涵和外延，更重要的是结合具体的思政课程保证习近平法治思想的切合融入，同时深度挖掘其教学内容。例如，在马克思主义基本原理这一思政课基础课程，应讲明习近平法治思想与马克思主义的关系，利用马克思主义基本原理的教学内容，深入分析习近平法治思想中的辩证唯物主义世界观和方法论，引导学生深刻理解习近平法治思想的哲学基础，使学生更好地理解习近平法治思想的内涵以及更好地理解运用马克思主义。在毛泽东思想和中国特色社会主义理论体系概论课中应讲好习近平法治思想的继承与创新，明确毛泽东思想、邓小平理论、"三个代表"重要思想、科学发展观、习近平新时代中国特色社会主义思想是一脉相承，其中所蕴含的法治思想也是连续的、发展的，突出其继承性、时代性、创新性、发展性。在中国近现代史纲要课中应讲授中国近代历史的发展脉络，明晰实现中华民族伟大复兴的主题，揭示出习近平法治思想形成的逻辑与脉络，突出习近平法治思想的价值、地位、意义。在形势与政策课中应重点讲授习近平法治思想是新实践、新发展，突出其问题导向以及立足中华民族伟大复兴战略全局和世界百年未有之大变局的时代意义，为我们应对风险挑战提供坚实的思想武器，还要讲清楚新时代、新征程，为什么要全面推进依法治国、如何推进，突出其实践性。在思想道德与法治课中应重点讲授习近平法治思想的框架，在内容的基础上，引领大学生体会中国特色社会主义法治体系与法治道路，做到真正理解与掌握习近平法治思想。

二、延伸习近平法治思想教学实践场域

习近平法治思想的教育教学应注重理论性与实践性的相统一。习近平法治思想是从实践中来到实践中去的治国理政的科学方针，在习近平法治思想的教学过程中，教师应自觉投入现实进行教学，要充分利用校内、校外的资源，使教学模式丰富多样，学生更加能够听得进去，学得明白，掌握精髓。

要在校外实践层面延伸习近平法治思想教学。课堂不应局限于教室，更应拓展至其应用场所，并注重实践时长与深度要求。例如：场景一、民事调解法庭教学。将课堂移至真实的民事调解现场，使学生直观感受法律的现实运作与具体架构，破除法律"虚无缥缈"的认知，理解其如何解决实际问题。场景二、人大立法实践考察。组织学生拜访、参观人民代表大会或其相关工作机构（如常委会会议、立法调研、代表联络站等），深入了解一项新法律法规如何从社会议题、代表议案、建议，经过调研、论证、审议、表决等法定程序，最终成为具有效力的法律规范。通过此过程，引导学生切身感悟"人民是国家的主人"的宪法原则，理解"人民民主专政"的国家性质，以及"法律为人民服务"的根本宗旨。这类沉浸式、场景化的实践教学，能将书本中的抽象知识具象化，极大提升学生的学习兴趣与内在认同感。学生只有真正"看见"、亲身"体会"，才能由衷地认同法治思想的核心要义与实践价值。

又如，将教学内容实践具体化。当今，互联网让学习变得简单，拓宽了学生的视野。每天各地都发生着不同类型的事件，有些则上升为热点。在课堂教学中，教师可让学生对时事热点发表意见看法，通过课堂讨论，教师客观评价分析，结合教学内容，让学生的主观印象

真正地转变,用习近平法治思想进行引领,做到内化于心,外化于行。在校内实践层面,学校应加强对习近平法治思想的基地建设,建设习近平法治思想的宣传高地,同时向有经验的高校取经,探索建设习近平法治思想教学基地的建设模式,通过现代化手段,定期更新内容,创造良好的教学氛围。还可以通过组织宣讲团,让学生学习到的习近平法治思想落到实处,突出其实践属性。

三、推进习近平法治思想教学数字化创新

教育教学的方式方法也应紧跟时代技术创新的步伐,融入数字教学技术,充分应用科技创新带来的便利,同时也应防止负面的影响。推进习近平法治思想教学数字化创新,搭建习近平法治思想融入高校校园网络平台,将习近平法治思想教育内容进行整合拓展到线上,在线上设置习近平法治思想的学习模块,通过模式化,设置理论、热点时政、线上解疑问答等,供学生进行线上学习。同时还可以利用校园网络资源,通过推送和集体学习的形式充分发挥习近平法治思想的引领功能。

第四节 推进习近平生态文明思想融入高校思政课教学

一、完善习近平生态文明思想教学内容设计

根据高校开设思想政治教育理论课的情况,采用普遍性与特殊性相结合的方式,进行教育教学。在讲授马克思主义基本原理时,要准确把握马克思生态文明思想及其当代影响,结合好"两个结合"讲述习近平生态文明思想对于马克思主义基本原理的原创性贡献,让学生在学习过程中感受真理力量,自觉运用辩证法投入学习生活;在讲授毛泽东思想和中国特色社会主义理论体系概论课时,重点讲授马克思主义传入中国后发展的主线,体现其时代化,向学生讲述一批又一批

中国共产党人推进生态文明建设的伟力，讲好马克思主义生态观在中国的生动实践；在讲授中国近现代史纲要时，要深刻把握大历史观的主线，以历史发展的线条深刻把握习近平生态文明思想演进发展的规律，采用历史唯物主义的方式方法讲述好习近平生态文明思想的伟大成就和历史意义；在讲述思想道德与法治时，要重点讲述好"生态兴则文明兴""人与自然和谐共生"的生态价值观，引领学生参与保护生态环境，在参与中体会我国生态法治的建设成果，做到自觉遵守与践行；在讲授习近平新时代中国特色社会主义思想概论课时，应注重习近平生态文明思想的单元性，要讲清楚、讲明白习近平生态文明思想的主要内容、形成过程、逻辑架构、意义等，通过系统化让学生完整准确掌握；在讲授形势与政策时，可以结合当地生态文明的特色特点，凸显习近平生态文明思想的实践性与指导性作用。

二、创新习近平生态文明思想教学媒介应用

新媒体技术的发展与应用也给思想政治理论课教育教学带来新思路。推进习近平生态文明思想教育教学融入思政课，利用新媒体技术，生动、活泼讲授好习近平生态文明思想，是在中国式现代化探索过程中逐渐形成的，是规律性认识。在思想政治理论课教育教学过程中，广大思政课教师可以运用不同的教育媒介进行授课。习近平生态文明思想突出生态，可以通过播放纪录片的形式向学生展示习近平生态文明思想的实践形式，例如，河北省塞罕坝机械林场的建设、内蒙古库布其沙漠的治理等。也可以通过对当地的生态问题进行调查研究，以调研的形式来观察反映当地生态的变化、生态政策的落实。这样，既通过不同的显示形式，讲好习近平生态文明思想的内容，又通过不同的教学媒介，生动体验感受其真正的实践内容，做到理论与实践相统一。

三、拓展习近平生态文明思想实践教学方式

通过结合不同的教学媒介，拓展实践教学方式。在教学内容设计过程中，要避免重理论而轻实践，要利用有限的课时，最大化做到理

论与实践的融合。在课堂实践教学过程中，通过整理分析经典案例讲授习近平生态文明思想的内容，以经典案例为骨架支撑起理论内容，让学生真正掌握，自觉内化于心，外化于行。在社会实践教学过程中，可以通过设计社会体验式活动，帮助学生参与调查，问访有关部门、企业，让习近平生态文明思想的内容更加具象化。同时还要做到思政小课堂与社会大课堂的有机结合互动，帮助学生更加真切、直观地了解习近平生态文明思想的重大理论意义以及实践意义。

第六编

内蒙古高校思政课改革"教育教学实施主体适应"评估指标体系的应用

第一章 内蒙古高校思政课改革"教育教学实施主体适应"评估指标等级评判

利用模糊综合评价法对内蒙古高校思政课改革"教育教学实施主体适应"等级进行综合评判,设 U_1={思想引领力,政治教化力,组织动员力,教学感染力},并设评语集 V={差,较差,中,良,优},根据 $B = A \times R$ 可得:

$$B_{11} = (0.000, 0.000, 0.002, 0.000, 0.001)$$
$$B_{12} = (0.001, 0.000, 0.006, 0.000, 0.001)$$
$$B_{13} = (0.003, 0.001, 0.003, 0.006, 0.007)$$
$$B_{21} = (0.001, 0.001, 0.002, 0.002, 0.004)$$
$$B_{22} = (0.002, 0.003, 0.002, 0.003, 0.004)$$
$$B_{31} = (0.008, 0.007, 0.006, 0.009, 0.011)$$
$$B_{32} = (0.005, 0.004, 0.004, 0.004, 0.006)$$
$$B_{33} = (0.002, 0.002, 0.002, 0.003, 0.005)$$
$$B_{34} = (0.001, 0.001, 0.001, 0.002, 0.003)$$
$$B_{41} = (0.010, 0.006, 0.004, 0.006, 0.002)$$
$$B_{42} = (0.004, 0.002, 0.002, 0.007, 0.001)$$
$$B_{43} = (0.006, 0.014, 0.006, 0.006, 0.010)$$
$$B_{44} = (0.010, 0.014, 0.006, 0.010, 0.003)$$
$$B_{45} = (0.004, 0.000, 0.006, 0.004, 0.002)$$

同理可得内蒙古高校思政课适应性改革"教育教学实施主体适应"4个一级指标思想引领力、政治教化力、组织动员力、教学感染力的评判等级:

$$B_1 = (0.005, 0.002, 0.010, 0.007, 0.009)$$
$$B_2 = (0.004, 0.005, 0.004, 0.005, 0.007)$$

$$B_3 = (0.015, 0.014, 0.013, 0.019, 0.025)$$
$$B_4 = (0.035, 0.037, 0.023, 0.034, 0.019)$$

内蒙古高校思政课改革"教育教学实施主体适应"等级综合评价为：

$$B = (0.058, 0.057, 0.050, 0.065, 0.060)$$

根据最大隶属度原则，找到 $\max_{1 \leq k \leq m} \{b_k\}$ 及其对应级别，其中内蒙古高校思政课改革"教育教学实施主体适应"总评价等级为"良"，其他维度指标评价等级如表6-1所示。

表6-1 内蒙古高校思政课改革"教育教学实施主体适应"评估指标等级

二级指标	评价等级	三级指标	评价等级
思想引领力	中	数字胜任力	中
		专业理论素养	中
		知识讲授能力	优
政治教化力	优	政治素养	优
		国内外时政信息收集能力	优
组织动员力	优	教学经验	优
		教学活动规划能力	优
		教学活动组织能力	优
		教学活动总结能力	优
教学感染力	较差	教学目标设定能力	差
		课堂组织管理能力	良
		教学情境设计能力	较差
		教学内容改进能力	较差
		教学问题反思能力	中
		外部评价	优

第二章 内蒙古高校思政课改革"教育教学实施主体适应"中存在的问题

依据"内蒙古高校思政课改革教育教学实施主体适应评估指标体系"和"内蒙古高校思政课改革教育教学实施主体适应评估指标等级"的实证分析,内蒙古高校思政课改革教育教学实施主体适应评估指标中"数字胜任力""专业理论素养"的等级评判为"中","教学感染力"的等级评判为"较差"。这一结果表明内蒙古高校思政课改革"教育教学实施主体适应"中部分思政课教师存在数字素养有待提升、缺乏专业理论素养和学术功底、教学感染力欠佳的现实问题。

第一节 部分思政课教师数字素养有待提升

实证分析显示"思想引领力"中三级指标"数字胜任力"评价等级为"中"。新时代思政课创新的关键在于教育的数字化发展。教师利用数字技术为教学改革注入新动力,营造高效互动的课堂氛围,方能打造思政金课。而当前部分高校思政课教师的数字素养仍有待提升,具体表现为如下。

一、数字技术应用不足

部分思政课教师仅具备文档编辑、幻灯片制作等基础计算机操作能力,虽然这些技能对日常教学及课件编制也确实比较重要,但这些技能仅属于计算机操作的基础范畴,难以有效支撑更高层次的数字技术应用需求。近年来,教育领域涌现出虚拟现实(VR)与增强现实(AR)等高级数字技术,它们为教学模式带来了前所未有的生动性、直观性及互动性。然而,这些技术往往涉及复杂的硬件配置与软件操作,加之学习成本较高且时间投入较大，部分思政课教师在实际教学中往往难以全面掌握并有效运用这些先进工具。

二、数字技术与教学内容结合度不够

部分思政课教师在教学实践中尝试将数字技术与教学内容相结合时，存在形式化、机械化的倾向。部分思政课教师将传统的教学内容直接电子化、多媒体化，而未能实现技术与教学内容的深度融合与有机融合，进而影响了教学效果。

此外，还有部分思政课教师过于偏重技术形式的新颖与独特，而未能充分关注教学内容的实际需求与教学目标，为了使用数字技术而盲目采用，导致技术与教学内容之间出现脱节，难以达到预期的教学成效。

三、数字资源整合有限

在数字化时代背景下，网络上涌现出大量丰富且多样化的思政教育资源。面对海量的数字资源，部分思政课教师难以准确判断哪些资源是有价值的、适合用于教学的，且缺乏有效的筛选机制和标准，导致整合的资源质量参差不齐。同时，还有部分思政课教师在整合数字资源时，只是简单地将多个资源堆砌在一起，缺乏系统性的整合和加工。这种方式无法充分发挥数字资源的优势，也难以提高教学效果。有学生反映："有些老师在讲课时只是零散地添加一些数字元素到课堂中，而没有形成完整的教学体系，这让我们有时候会感到内容重复甚至混乱。"（受访者：内蒙古农业大学农学院 L、F、Z 学生群体访谈，访谈时间：2024 年 4 月 17 日）此外，部分思政课教师即使成功整合了一些数字资源，但在实际教学中，未能充分利用这些资源的特点和优势，设计出符合学生需求和教学目标的教学活动。

第二节　部分思政课教师缺乏专业理论素养和学术功底

等级评判结果显示"思想引领力"中三级指标"专业理论素养"评价等级为"中"。

一、知识掌握不够全面

在思政课教师队伍中，部分思政课教师在学科专业知识掌握方面存在不足，对某些核心理论或关键概念的理解缺乏深度。如部分思政课教师在马克思主义理论学习与研究方面存在明显不足，从而无法对马克思主义理论深入剖析、有效回应现实中热点问题。同时，部分思政课教师在教育学、心理学领域的知识储备尚显不足，这直接影响了他们的教学实践能力，同时也限制了他们根据学生个性化特点进行教学设计。有学生表示："有些老师在讲课时只是按照既定的内容进行讲解，但是没有结合一些时事热点深进行深入剖析，我们在听课的时候感觉理解得不透彻。"（受访者：内蒙古医科大学 W、G、H 学生群体访谈，访谈时间：2023 年 10 月 11 日）

二、科研成果不足

部分思政课教师未能积极参与科研工作，忽视了科研工作对于提升教学质量及学术素养的重要作用。部分思政课教师的科研成果与教学实践脱节，未能将科研成果转化为教学资源及教学手段。有学生表示："有些老师没有听说有什么科研成果，还有一些老师的科研成果和课题，感觉并没有对我们的实际学习产生什么影响。"（受访者：赤峰工业职业技术学院 B、G、H 学生群体，访谈时间：2024 年 4 月 23 日）既显现出部分思政课教师在学术探索层面的薄弱，也表现出他们在教学过程中创新不足。

三、学术视野不够开阔

部分思政课教师在教学过程中，对其他学科领域涉足不够，导致他们在处理跨学科研究问题、满足跨学科教学需求时，难以进行全面而深入的剖析和回应，影响到教学效果。同时，在全球化背景下，思政课教师具备国际视野显得尤为关键。而部分思政课教师在国际政治、经济、文化等领域的认知与关注存在不足，信息获取渠道也存在局限，使得他们对学术界前沿观点与国际热点议题掌握不足，教学内容缺乏新鲜感与时效性。有学生说："有些老师讲课时，碰到涉及其他学科的知识点就一带而过，想多了解些相关内容，老师也说不出太深入的东西。而且课堂上很少听到关于国际上最新热点的分析，感觉讲的内容离当下的国际形势有点远。"（受访者：鄂尔多斯职业学院 L、X、Y 学生群体，访谈时间：2024 年 5 月 23 日）

第三节　部分思政课教师教学感染力欠佳

实证结果显示"教学感染力"等级评判为"较差"。

一、授课内容照本宣科

在思政课教学中，存在部分思政课教师过度依赖教材的现象，其授课内容创新性不足，多采用"填鸭式"教学模式，未能充分进行内容的扩展与更新，而是简单地将教材内容复制至课堂上，忽视了将理论知识与现实生活及学生实际经历进行深度融合的重要性。同时，在思政课教学过程中，部分思政课教师有过于依赖既定教材和教学计划的倾向，未能充分关注学生的实际需求。这类思政课教师往往按图索骥，依据个人设定的教学路径进行讲授，却忽视了对学生个体差异、兴趣偏好、认知层次及思维动态的深入了解与把握。由此，难以实现真正意义上的因材施教，难以满足学生多元化、个性化的学习需求。

二、互动交流缺失

在思政课授课过程中，部分思政课教师未能充分融入与学生的互动交流，缺乏对学生反馈与需求的及时关注与响应。在部分思政课堂中，尽管思政课教师设计了诸如提问、讨论等互动环节，但这些环节却常常未能实现其预期效果，往往流于表面形式，缺乏深入且实质性的交流。所提问题可能存在难度把握不当的问题，要么过于浅显难以引发深度思考，要么过于复杂以致学生难以应对，难以有效激发学生的兴趣和主动思考，致使互动环节的实际成效不尽如人意。此外，思政课作为教育体系中的重要组成部分，其教学目标并不仅限于知识的传授，更包括情感的交流与价值观的塑造与引导。然而，在当前的教学实践中，部分思政课教师在授课过程中可能过于侧重理论知识的传授，而未能充分关注学生的情感需求，缺乏与学生之间的情感互动与共鸣。这种教学方式的结果是课堂氛围的沉闷与单调，难以吸引学生的注意力并激发他们的学习兴趣，影响了思政课的整体教学效果。

三、缺乏个性化教学

每个学生都拥有独特的兴趣爱好与学习特征，然而部分思政课教师常采用"统一化"的教学策略，忽视了对学生个体差异的关注与适应。部分思政课教师未能充分尊重学生个体差异与兴趣偏好，教学内容呈现出较高的统一性和标准化程度，而个性化教学设计的缺失则尤为明显。同时，部分思政课教师在阐述思政课程相关概念与理论时，未能有效建立与现实生活及学生实际需求之间的紧密联系，使得教学内容显得较为抽象与空洞，难以激发学生的共鸣与学习兴趣。此外，个性化教学要求评价体系能够体现学生的个体差异和独特性。而当前部分思政课教师在执行评价任务时，过分聚焦于学生对理论知识的记忆深度与掌握程度，却相对忽视了对学生思维能力、创新能力等综合素质的全面考量。此种单一化、标准化的评价体系，难以全面而真实地映射出学生的个性化成长轨迹，进而削弱了评价结果的针对性和有效性，难以满足个性化教学的根本需求。

第三章 内蒙古高校思政课改革"教育教学实施主体适应"中的制约因素分析

第一节 制约部分思政课教师数字素养提升的因素

一、数字化教学理念滞后

部分思政课教师在数字素养的认知上存在不足,对于其概念、内涵以及在教育教学中的关键作用缺乏深刻理解。这种认知上的欠缺影响了他们在教学实践中的主动性与积极性,使得他们未能充分投入到提升自身数字素养的努力之中。同时,部分思政课教师教育理念没有及时更新。部分教师依然坚持使用传统的教学理念和模式,未能全面认识到数字技术对于教育教学方式所产生的深远影响,忽视了数字素养在提高教学质量和效果方面所发挥的关键作用。

二、数字技能有限及培训体系不完善

部分思政课教师数字技术不精通。绝大多数思政课教师是传统的文科背景,缺乏系统性的理工科教育经历,这导致他们在面对日新月异的数字技术时,面临着学习与实践的双重挑战。部分年龄较大的思政课教师,尽管拥有丰富的教学经验,但在数字技术的学习与实践能力上可能存在不足,难以在课堂上自如地运用数字技术辅助教学。同时,数字技术培训不完善。当前针对思政课教师的数字化技术培训资源相对匮乏,具体体现在培训师资力量的不足、培训材料的稀缺以及培训场地的限制等多个方面,难以充分满足广大思政课教师的实际需求。部分培训内容可能过于偏向理论层面或过于简化,未能紧密贴合

思政课教师的实际教学需求,从而影响了培训的实际效果。部分培训在设计与实施过程中,可能未能充分考虑到思政课教师的学科特殊性和具体教学需求,导致培训内容在针对性和实用性方面存在不足。

三、数字资源与设备支持不足

数字教育资源开发不足。尽管数字化资源建设正在迅猛推进,然而,针对思政课的高质量数字教学资源仍显匮乏。部分高校或思政课教师在数字教学资源的开发过程中,存在过分追求数量而忽视质量、过度重视开发环节而轻视实际应用的问题,这直接导致了资源质量的参差不齐,难以满足日益增长的教学需求。同时,数字化资源的开发离不开专业的技术团队和充足的资金支持,然而,部分高校或教育部门在此方面的投入尚有不足,从而制约了思政课相关数字资源的更新速度,难以跟上教学需求的快速发展步伐。此外,思政课信息化教学的有效实施,高度依赖于完善的硬件基础设施条件,这涵盖了投影仪、智能手机、监控探头、报警器以及微型计算机等一系列设备。然而,当前部分高校在此方面的投入不足,现有设备老化严重、性能低下,难以充分满足思政课数字化教学的实际需求。

第二节 制约部分思政课教师专业理论素养提升的因素

一、专业教育起步较晚

我国的思想政治教学学科相较于其他学科,其设立时间较晚。思想政治教育这一专业,学界普遍认同其起点为1984年,即教育部正式批复并设立该专业之时。这一背景下,思政课教师队伍在形成初期就缺乏系统的专业教育和训练。在思想政治教育学科发展的初始阶段,人们对于思想政治教育的认识尚显浅薄,其学科地位的确立、研究内容的界定以及教学方法的探讨均处于初步的探索时期。思政课专业教育在构建课程体系、编纂教材，以及强化师资队伍建设等方面均存在挑战。同时，思想政治教育学科作为一门极具综合性的学科，其涵盖范围广泛，深入哲学、政治学、教育学及心理学等多个学科领域。这一综合性特点要求思政课的专业教育必须在教学内容与教学方法上持续进行融合与创新，这无疑提升了对教师综合素养的要求。

二、师资来源多样且专业背景不一

尽管近年来国家已逐步建立相关学科体系并强化专业建设，然而，由于起步时间相对较晚，当前思政课教师队伍中，真正接受过系统化专业教育的教师比例仍显不足，这一现状对教师队伍的整体理论素养及学术能力构成了一定程度的制约。早期思政课教师多源自哲学、经济学、历史学等学科领域，尽管这些学科与思政课之间存在一定的交叉与关联，但缺乏专门化、系统化的专业教育与训练，导致部分教师在思政课的专业理论素养及学术积累方面存在一定的短板。

三、继续教育机会有限

部分思政课教师在投身于思政课的教学事业后，由于时间、经费、机遇等多重因素的制约，难以获取充足的继续教育及培训资源，进而限制了其专业理论知识的更新与自我提升。教育资源的地域与校际分配不均衡。部分重点高校及位于发达地区的高等教育机构，往往能够汇聚更为充裕的教育资源，其中继续教育机会尤为显著。相反，某些普通高校及位于欠发达地区的高校，则面临着教育资源稀缺的严峻挑战，这直接体现在继续教育机会的有限性上。此种不均衡状况，制约了部分思政课教师获取充足继续教育的机会。同时，继续教育体系尚不完备，如培训内容缺乏多样性、培训方式相对滞后以及培训效果评估机制不健全等问题，共同制约了继续教育在满足思政课教师个性化需求及提升教师专业素养与教学能力方面的有效性。

第三节 制约部分思政课教师教学感染力提升的因素

一、感情投入不足

教学不仅是知识的传授,更是情感的交流。部分教师在教学过程中缺乏情感投入,缺乏对学生的关心和关注,难以与学生建立深厚的情感联系,从而影响教学感染力。一是部分思政课教师在教学理念方面,仍然沿袭了传统模式,过分强调知识的传授和理论的灌输,却在一定程度上忽视了情感教育的重要性。调研中部分思政课教师认为,思政课的核心在于使学生掌握政治理论知识,而对于如何借助情感投入来激发学生的学习兴趣与积极性,则缺乏足够的认知与重视。二是目前的教学评价与激励机制未能充分契合思政课教学的独特性质与需求。部分学校可能存在过度聚焦于学生考试成绩与教师科研成果的倾向,而相对忽视了对学生情感成长以及思政课教师教学情感投入的有效评价。这种评价导向有可能促使思政课教师在授课过程中过分侧重于知识传授与应试技能的培养,而减少了在情感教育方面的投入。

二、表达能力相对欠缺

思政课教师的表达能力在课堂感染力中占据举足轻重的地位。有少数思政课教师在语言表达能力和演讲技巧方面存在不足,难以将深奥的理论知识以浅显易懂的方式传达给学生,难以通过语言有效地激发学生的情感共鸣。一是思政课所涵盖的内容既广泛又深奥,它跨越了政治学、哲学、经济学等多个学科领域。若思政课教师未能充分熟悉教材内容,未能深入透彻地理解和掌握其中的核心观点与理论框架,那么在授课过程中,将难以确保讲解的条理清晰与逻辑严密,进而可能影响到其表达能力的有效发挥。二是部分思政课教师在授课过程中,存在口语化表达过多的现象,例如频繁使用"嗯""然后"等词汇,导致思政课课堂语言缺乏精炼性与规范性，对信息的准确传达及学生的理解造成了不利影响。三是部分思政课教师的普通话水平未达到标准，可能存在较重的方言口音，这在一定程度上降低了课堂语言的清晰度与可理解性，影响了思政课教学效果。

三、教学方法较为单一

传统的教学方法如讲授法虽然有其优势，但长期单一使用容易导致学生厌倦和注意力不集中。缺乏多样化的教学手段和方法，如案例分析、小组讨论、互动问答等，难以激发学生的学习兴趣和积极性。一是在部分高校的思政课教学过程中，存在教育理念和目标不够明确与统一的现象，这一状况可能导致思政课教师在授课时缺乏一个清晰的指导框架。思政课教师更倾向于采用传统的讲授式教学模式，这在一定程度上限制了思政课教师在教学方式上的创新探索，进而呈现出教学方法相对单一的局面。二是部分高校的教学管理体制较为僵化，这一状况在一定程度上对思政课教师的教学方法创新构成了制约，限制了思政课教师灵活采纳并实践多种教学方法的能力，阻碍了思政课教师积极开发和推广多样化的课程思政形式。

第四章 推动内蒙古高校思政课改革"教育教学实施主体适应"的优化路径

针对上述存在的问题及原因,应从提升高校思政课教师数字素养、健全高校思政课教师成长发展机制、加强高校思政课教师教学研究、建立高校思政课教师保障激励机制四方面着力,进一步推动内蒙古高校思政课适应性改革高质量发展,充分发挥教师在高校思政课增强适应性中的关键作用,让思政课讲起来更有针对性和实效性、听起来更具亲和力和感染力。

第一节 提升高校思政课教师数字素养

一、全面激活高校思政课教师内生动力

新时代思政课教师要把新媒体技术应用于思想政治理论课教学。一方面,数字化技术的应用可以涵盖大量的思政课教育资源,与传统的思政教学相结合展示出全新的学习模式。数字化教学方式能够帮助教师做到"因事而化"进行课程设计,极大地提高了思政课的针对性以及教学感染力,进而有效调动学生的互动性,使学生由被动学习转为主动学习。另一方面,数字化的教学方法,可以通过数据库快速分析出学生感兴趣的思政内容,也可以根据个体分析进行有针对性的精准思政,教师利用数字技术按照学生的认知规律、接受特点、需求层次等,从不同方面为学生制订不同的学习任务、目标等,让高校思政课教学模式更具针对性,进而增强师生共鸣。

二、完善多元化数字素养培育机制

教师要始终保持拥有一颗学生的心，只有通过不断地学习，才能在教学生活中做到传道授业解惑。在高校的思政教学活动中，思政课教师要首先接受教育。思政课教师只有解决"本领荒"，加强数字素养与教学内容相结合，才能使自己跟得上时代，在转型中不掉队。高校要以运用数字技术和融合教学内容为导向，充分认识教师的数字化培养需求，加强教师的数字素养培训，这就要求在理论学习和实践应用上下功夫。在理论学习方面，加强数字技术理论的知识学习，学校要做好对教师数字素养的培训，制订有针对性的培训计划，开设相关数字素养课程，加强思政课教师对数字素养和数字技术的认知和理解。在实践应用方面，学校提供舞台，让思政课教师有机会应用数字能力，例如开展技能大赛、录制微课、慕课等，使教师在参加活动过程中加深对数字技术的理解与应用，并主动融入教学内容中去。思政课教师也还要主动积极参加数字化实践教学活动，在实践中提升数字素养。

三、提升高校思政课教师数字教学应用能力

第一，在思政教学过程中，思政课教师应注重以内容为主，方式方法加以创新的授课模式。高校应鼓励教师利用数字资源持续学习，运用数字化技术展开日常教学工作，教师可以从日常的教研评价、课堂评价反馈、个性化学习等进行数字化应用。在教学设计中，利用数字化模型，结合相应的思政课程制订教学内容，通过云分析手段将现实问题与课堂知识结合起来，让学生感觉到理论的亲切感，以此增加课堂的互动性。在课堂评价反馈阶段，教师可以通过数字技术分析本堂课的问题，让教学难点可视化，进一步优化教学方式。在个性化学习方面，教师可以通过数字模型后台，关注到学生学习轨迹，并加以分析，以此来作为上课备课参考。第二，学校应创设良好的数字教学氛围。通过整合数字资源、整合优势，构建一体化教育教学平台，通过资源共享，为思政课教师建立专业实践共同体。此外，还要加快建设虚拟仿真教室、智能教室等。

第二节　健全高校思政课教师成长发展机制

一、形成思政课教师自我发展机制

思政课教育教学不同于其他专业课程和公共课程，是具有独特性质的一类课程，因此要更加注重形成健全思政课教师自我发展机制。首先，立足于学科性质对思政课教师性格、兴趣爱好、所处环境、职业理想等进行分析，明确所处位置；其次，评估发展机会，在对自身以及内外环境进行分析的同时，对自己的未来发展进行评估；再次，确定个人的发展目标，将长远目标分解成每一个阶段的小目标，制定行动计划、方案，在工作生活中不断完善自己，向既定目标前进；最后，评估每一阶段的目标实现情况，根据自身以及职业环境的变化，及时调整发展目标，改变发展路径。具体的自我发展机制既能够促进思政课教师个人的不断进步，又能够强化在思政职业过程中的从业动力。

二、健全青年骨干教师成长机制

高校教师是高校思想政治教育工作的对象之一，其中思政课教师尤其是青年思政课教师的思想政治教育尤为重要。青年骨干教师关系着本单位的未来思政学科建设的质量，因此对青年骨干教师的发展与成长应更加关注。高校在对青年骨干思政课教师进行思想政治教育的同时，应加强其职业定位，并为其提供必要的培训机会、成长平台以及激励机制，增强团队的归属感和责任感。青年骨干教师得到良好发展，自然会带动本单位思政学科的发展，并且提高思政课教学质量，达到个人与集体的同步发展。

三、加强学科带动与学院建设，助力教师成长

思政课建设作为党中央直接领导部署的重大决策，带动了思想政治理论课的长足发展。现在思想政治理论课的学科建设以及人才培养

方案逐步完善，开始达到了提质增优的阶段，这就要求要建设重点马院以及规划学科发展战略。教师是其中不可忽视的一个关键环节，三者紧密连接，相互影响，相互制约。在整体发展方面，从思政课整体发展要求来看，要求思政课教师做到教学与科研的良性互动，在教学的实践活动中发现问题，以科研的敏锐嗅觉和能力解决问题，做到立足于本学科，扎根于本学科，发挥优势，实现发展。在学院建设方面，因思政课的特殊性，各级领导部门要统筹共抓思政课建设，助力学院发展，为思政课教师提供广阔舞台与空间，给予长效支持，促进学院与教师的共同进步发展。

第三节　加强高校思政课教师教学研究

一、着眼政治高度，研究课程定位，解决"培养什么人"的问题

政治性是高校思政课的首要属性，旗帜鲜明讲政治，维护好社会主义意识形态，是高校思政课的重大任务。思政课是为党育人、为国育才的关键课程，"思想政治教育一旦脱离政治性的内核，便意味着让渡了自身存在的价值与意义"①。高校思政课教师在立足于政治性的前提下，应注重与政治性相协调的学理性研究。没有政治性，思政课就没有了基础，缺失了导向，研究思政课的课程定位，就是在其中所蕴含的中心目标与内容，最后是为服务于社会主义建设，培养社会主义接班人。习近平总书记谈到思政课教师素养的第一点就是政治要强，"思政课要解决学生理想信念问题。要让有信仰的人讲信仰。"②这是由思政课的政治属性所赋予的，思政课教师要讲好思政课中的政治引导性，以其中所蕴含的科学的世界观、人生观、价值观培养建设社会主

---

① 《中共中央关于制定国民经济和社会发展第十四个五年规划和二〇三五年远景目标的建议》编写组：《中共中央关于制定国民经济和社会发展第十四个五年规划和二〇三五年远景目标的建议》，人民出版社2020年版，第68页。

② 习近平：《思政课是落实立德树人根本任务的关键课程》，人民出版社2020年版，第12页。

义接班人。

二、着眼理论深度，研究教学内容，解决"用什么培养人"的问题

思政课教师要进行基础理论研究，提高、重视思政课的学理性。"思政课的本质是讲道理"①，思政课教师只有自身深入研究基础理论，在研究的过程中体悟马克思主义的真理力量，才能用彻底的理论去说服学生、引领学生。思政课教师要"走得出去"，不仅仅要对马克思主义经典文本进行研究，还要敢于突破，走出学科固有思维的"茧房"，自觉关注马克思主义前沿问题与发展走向，将马克思主义中国化的最新成果作为研究的重点，应用于教学内容中，增强灵活性且注重理论素养；思政课教师还要"钻得进去"，扎根于教材、吃透教材，在教材的基础上深度理解，活用教材，将教材本应该有的张力优势发挥出来，将教材的优势转变为教学上的优势。

三、着眼适度创新，研究教学方法，解决"怎样培养人"的问题

思政课教师要在教育教学过程中深入研究育人规律，坚持思政课教学的教育性。教学是按照一定的教学目的来展开的，思政课的教学，品格教育是要在知识教育之上的。教育性是思政课的教学基本指向，思政课的教学必须从知识本位转向为育人本位，思政课的教学研究必须面向重大理论问题和现实问题，结合受教育者的本身特点，确定规划出教学研究问题的特殊指向，以此增强理论的说服力和引导力。概括来说，思政课教学不仅要遵循思想政治工作规律和教书育人规律，还要研究和遵循学生的成长规律、需求规律，使得思政课达到学理性和教育性的统一。思政课教师还要研究方式方法，把握思政课教学的整体性。一方面，教师要坚持整体性原则。把握思政课教学和研究的

---

① 新华社：《习近平在中国人民大学考察时强调：坚持党的领导传承红色基因扎根中国大地 走出一条建设中国特色世界一流大学新路》，《人民日报》2022年4月26日。

整体方向，研究不同学段思政课教学内容、同一学段不同课程之间的关系以及思政课程与课程思政的关系，向学生清晰呈现教材的主要内容、基本结构和重点难点，彰显理论本身的逻辑。另一方面，教师要坚持科学性原则。澄明思政课教学方法的理论前提，自觉以科学的教育理论为指导，避免经验层面上的随意性和盲目性。要积极适应教育教学新形势，了解现代化教学改革的方向和路径，学习和运用科学的教学方式方法。

第四节　建立高校思政课教师保障激励机制

一、加强对高校思政课教师队伍的领导

在高校思政课教师队伍领导与建设中，第一点就是政治站位要高，要从政治高度上认识提升思政课教师队伍建设、提升思政课教学质量的极端重要性。"各级党委（党组）要把思政课建设摆上重要议程，各级各类学校要自觉担起主体责任"①。学校党委肩负着思政课建设的重大责任，必须要把思政课建设作为一项政治任务落实下去，将思想统一到党中央对思政课的建设要求上来，不折不扣地落实党中央关于思政课建设的最新要求。②统筹规划师资队伍与领导，高校各部门严格落实党中央对高校思政课教师队伍建设的各项要求，拓宽优秀思政课教师引进渠道，激励更多有志于思政课建设的优秀人才从事思政教育工作。积极开展实施思政课教师培训计划，加强思政课教师专业能力。

二、完善高校思政课教师职称评定的单独管理机制

思政课教师所处的学科定位不同，因此在职称拟评定的过程中需

---

① 新华社：《习近平对学校思政课建设作出重要指示强调：不断开创新时代思政教育新局面　努力培养更多让党放心爱国奉献担当民族复兴重任的时代新人》，《人民日报》2024 年 5 月 12 日。

② 刘明明、田方晨：《新时代高校思政课教学质量提升的阻碍因素及其破解策略》，《思想理论教育导刊》2024 年第 8 期。

单独成立一套体系。就评定条件而言，在成果评定中要充分考虑到论文发表的评定条件，要与自然科学学科区分，将科研成果的核心期刊评定贴合人文社科学类，将教学成果、近年来教学工作完成情况等纳入评价体系中的头等条件，促进科研与教学的双重互动。给予思政课教师职称评定政策的适当倾斜，为一线思政课教师提供更宽阔的平台以及晋升空间，增强激励性，引导思政课教师的积极性。

三、构建高校思政课教师多元激励机制

思政课建设的优良好坏，离不开教师对未来发展前途的研究判断，离不开思政课教师的幸福感、责任感。在学科建设时，要充分考虑到思政课教师发展的内在诉求，构建针对思政课教师的多元奖励机制，保障思政课教师有奔头、有干劲。比如，在评定职称时，应专门设立马克思主义类别，解决好思政课教师的职称评定问题；在人才引进方面，设置专门针对马理论学科的评定标准，对思政课教师有专门的评定指标和待遇；设立学校荣誉称号时，注重表彰优秀思政课教师，增强其职业荣誉感；最后保障其发展，落实各项专项经费，保障思政课教师的学术交流、实践研修等。

第七编

内蒙古高校思政课改革"教育教学方式方法适应"评估指标体系的应用

第一章 内蒙古高校思政课改革"教育教学方式方法适应"评估指标等级评判

利用模糊综合评价法对内蒙古高校思政课改革"教育教学方式方法适应"等级进行综合评判,设 U_1={深入度,透彻性,鲜活性},并设评语集 V={差,较差,中,良,优},根据 $B = A \times R$ 可得:

$B_{11} = (0.001, 0.001, 0.001, 0.001, 0.002)$

$B_{12} = (0.001, 0.000, 0.002, 0.003, 0.007)$

$B_{21} = (0.001, 0.000, 0.000, 0.000, 0.000)$

$B_{22} = (0.002, 0.000, 0.001, 0.001, 0.000)$

$B_{31} = (0.006, 0.011, 0.014, 0.010, 0.017)$

$B_{32} = (0.010, 0.003, 0.003, 0.003, 0.000)$

$B_{33} = (0.003, 0.005, 0.003, 0.001, 0.000)$

$B_{34} = (0.004, 0.003, 0.002, 0.003, 0.005)$

同理可得内蒙古高校思政课改革"教育教学方式方法适应"3 个一级指标深入度、透彻性、鲜活性的评判等级:

$B_1 = (0.001, 0.001, 0.002, 0.004, 0.009)$

$B_2 = (0.002, 0.001, 0.001, 0.001, 0.001)$

$B_3 = (0.023, 0.022, 0.021, 0.016, 0.022)$

内蒙古高校思政课改革"教育教学方式方法适应"等级综合评价为:

$B = (0.027, 0.023, 0.025, 0.022, 0.032)$

根据最大隶属度原则,找到 $\max_{1 \leq k \leq m} \{b_k\}$ 及其对应级别,其中内蒙古高校思政课改革"教育教学方式方法适应"总评价等级为"优",其他维度指标评价等级如表 7-1 所示。

表 7-1　内蒙古高校思政课改革"教育教学方式方法适应"评估指标等级

二级指标	评价等级	三级指标	评价等级
深入度	优	马克思主义理论科学内涵的认识程度	优
		科学规律的认识程度	优
透彻性	差	回归学生自身程度	差
		回归现实本身程度	差
鲜活性	差	教学情景创设情况	优
		教学案例运用情况	差
		教学技术创新情况	较差
		教学场域拓展情况	优

第二章　内蒙古高校思政课改革"教育教学方式方法适应"中存在的问题

依据"内蒙古高校思政课改革教育教学方式方法适应评估指标体系"和"内蒙古高校思政课改革教育教学方式方法适应评估指标等级"的实证分析，内蒙古高校思政课改革教育教学方式方法适应评估指标中"教学技术创新情况"的等级评判为"较差"，"透彻性""教学案例运用情况"的等级评判为"差"，这一结果表明内蒙古高校思政课改革"教育教学方式方法适应"中存在思政课理论讲授透彻性欠佳、案例教学方法在思政课教学中效果不足、数字技术与思政课深度融合有待加强的现实困境。

第一节　思政课理论讲授透彻性欠佳

高校思想政治理论课，要从思想和政治上的高度，以彻底的思想理论说服学生，以强大的真理力量引导学生。内蒙古高校思政课改革教育教学方式方法适应评估指标中"透彻性"等级评判为"差"，究其问题表现为如下方面。第一，抬头率、点头率不高。抬头率、点头率反映的是课堂上学生对教学内容、教学过程的外向表现。在思政教学过程中，内容为王，但也要注重方式方法，要让学生真正参与进来，部分教师只注重个人课程内容的讲授，始终保持着惯性思维的"灌输型"教育方式，并没有兼顾课程内容的广泛性和先进性，使得互动性不足，抬头率、点头率不高。第二，认同感、兴趣感不强。思想政治理论课的教育教学应本着思想性高于知识性的原则，注重世界观、人生观、价值观的培养，为学生从思想上种下一颗种子，起到引领性的作用。但是在教学过程中，教师只做机械的理论说明、讲解，缺乏对学生思考的引领，同时并未注重对学生思想现状的考量，缺乏人文温度，导致学生对思政课的认同感不足，对思政课的特殊性没有清楚认识，兴趣感无法提高。第三，获得感不足。在教师缺乏对学生主体性发挥的条件下，学生课堂参与度不高，思政课程的时效性不强。同时思政课教师在课堂、课后没有注重激发学生的自主学习动力，没有培养起学好思政课的自觉意识，教学无法相长，导致学生在思政课学习过程中获得感不强。

第二节 案例教学方法在思政课教学中效果不足

案例教学表明了思想政治理论课教师的理论功底，通过案例教学能够彰显思政课堂的鲜活性，让学生喜欢听、愿意学，从案例中体悟道理。在内蒙古高校思政课改革"教育教学方式方法适应"评估指标等级中可以获悉，教学案例运用情况表现为"差"。主要问题体现在以下几个方面。第一，教学案例的使用不当。选择恰当合适的教学案例是展开案例教学的前提条件。在实际的思政课堂中，一些教师对理论的掌握欠缺火候，没有将理论吃透，选择的案例与实际的教学内容所蕴含的道理不符，与教学内容脱节，影响教学效果。部分教师为了教学案例而案例，用于吸引学生，教学案例缺乏准确性及思考性。还有部分教师案例过于久远，学生无法真正体会到案例中的道理，无法使学生共鸣，引不起学生的兴趣，达不到促进教学的作用。第二，教学案例过于呆板、单一。在教学过程中，教师不通过学习以及信息整理细心备课，不去搜集挑选案例，授课过程中讲授的案例仍然是钱学森、王进喜、雷锋等，不穿插新时代案例，无法让学生在听课程的过程中感受强烈的时代信息、真理的强大力量。在讲授案例时，部分教师往往平淡如水，做不到生动、形象，缺乏教育意义，也缺少教学案例所引领的课堂互动。第三，案例过多，教学理论内容呈现不足。教学案例过少会影响到整个课堂的质量，但是案例过多也会导致淡化教学理论内容的问题。在思政课教学过程中，案例是对理论的具象化表达，需要对案例进行深层次的剖析和总结，如此才能达到应有的教学效果。

教学案例一个接一个，不进行分析，就会使教学表现过于片面化，案例目不暇接，只会使学生的注意力集中在对案例的听讲上，缺少对案例背后所蕴含的道理的剖析，最终达不到教学目的。第四，教师的课堂主导性发挥欠佳。教学案例是否能够达到教学预期，教师的主导作用是决定性因素。从案例的选择、呈现、讨论到点评，都需要教师起到主导、连接、启发的作用。现在在案例教学过程中，教师主导性下降，导致在分析案例时出现跑题、无端争执的现象。有时在教学过程中，案例讲解详细，理论总结却草草了事，缺乏由理论出发、以理论结尾的前后呼应，无法达到以案例促进教学、深化理论学习的目的。

第三节　数字技术与思政课深度融合有待加强

第一，从基础设施建设层面来看。基础设施建设是数字技术应用于思政课的前提，没有基础设施的支撑，思政课教师应用数字技术犹如"巧妇难为无米之炊"。基础设施建设问题是比较常见的，数字化教育设施建设不全往往表现在设备老化、设备配置不全、网络建设不完善、数字化平台以及教学资源缺乏等。第二，从教师使用数字技术熟练程度来看。在基础设施配置存在问题的情况下，思政课教师缺乏数字化思政教学能力，具体表现在缺乏对数字化资源的使用、"数字化+思政教育"复合型教育人才缺少等。[①]第三，从主体建设来看。除基础设施建设与能力累积不足外，在主体建设层面，同样有阻碍数字技术与思政课深度融合的因素。数字技术可以使教学资源、教学方式得到补充与拓展，有利于教师教学以及学生学习，但是过度依赖于数字技术的教育教学，无法达到理论学习的深度，在一定程度上弱化了思政课的功能，使思政课变得机械化、娱乐化、冷漠化。同时，数字技术在为学生提供学习资源时，获取了专属于个体的个性偏好以及用户习惯，这让学生在学习过程中逐渐信息标签化、内容单一化，影响理论

[①] 余清清、李晓珏、汪嘉宝、谭晓岚：《高校思政课数字化建设与育人提效研究》，《科教文汇》2024年第4期。

学习的广度与深度，影响学生的思考与判断，甚至会让思维呈现单一化，不利于学生的全面发展。第四，从教学方法来看。思政课是理论与实践的双重互动，数字技术可以为思政课提供虚拟空间，创造虚拟实践条件，拓展教学空间，丰富教学方法。但盲目使用这一技术，会使得教学完全深入虚拟空间，学生对虚拟空间的理论、教学有认同感，一旦回归到现实环境下反而没有规则感，严重的话，甚至有可能导致学生与现实生活脱节。

第三章 内蒙古高校思政课改革"教育教学方式方法适应"中的制约因素分析

第一节 思政课理论讲授透彻性欠佳的原因

思政课所讲授的理论，本就是高深、富含哲理的，思政课理论讲授透彻性欠佳的原因主要表现以下几个方面。第一，教学形式泛网络化。在思政课教学过程中，教师将备受学生喜爱的互联网模式加入教学过程中，但在教学过程中过于依赖数字化、网络化的教学手段，导致本末倒置，使得教学结构与内容不匹配，冲击了教师的主导地位以及学生的主体地位，原本以内容为主的思政课，内容反而屈就于形式，导致理论讲授、接受得不完整、不彻底。第二，教学内容泛娱乐化。教学内容泛娱乐化是指在教学过程中加入本不应该被娱乐化、不适合被娱乐化的内容。泛娱乐化导致教师在教授理论过程中不严谨，偏离思政课理论的内核，无法使理论发挥引领和启发作用，让学生的学习停留在表面，无法深入，无法产生共鸣。第三，教学目标泛政治化。高校思政课理论具有鲜明的政治性，同时具有学理性，它是为中国特色社会主义事业服务的。在教学过程中，强调政治性是必要的，但过于强调政治性就弱化了思政课理论的学理性。在教学过程中滥用政治性，容易弱化学生对思政课的认同感，也会让教师忽略思政课内在的丰富性。教师讲不出来，讲得死板、浅显，学生便听不进去。第四，教师研学泛懒惰化。教师不仅仅是思政课教学过程的主导者，同时也是自我教育的主体。教师往往只注重授课，而轻视自我理论的学习和研究。思政课教师要通过对理论的学习和研究领会真理要义与思想精髓，不持续学习马克思主义，就不能弄明白"为什么选择马克思主义"

"马克思主义为什么行""怎样运用马克思主义"等时代问题，教师对理论把握得不精准，就不能在授课中将道理讲深、讲透、讲活。

第二节 案例教学方法在思政课教学中效果不足的原因

案例教学法是通过对案例的描述和介绍引导学生对案例中出现的问题或现象进行分析、论证、讨论进而得出结论的一种教学方法。[1]在实际的授课情况中案例教学方法应用不足存在多方面的原因，主要表现在以下几方面。第一，组织不严。案例教学的方法同其他授课方式一样，需要严密地组织，需要根据教学大纲和授课内容进行选择和设计。案例教学在授课过程中需要根据授课内容的不同和授课主体的不同，进行安排与设计，在教学过程中，如何设置案例、什么时间引出案例、怎样进行课堂组织讨论、需要达到什么样的教学目标，都应该根据教学内容进行合理安排。但是教师进行案例设计时，通常没有进行充分准备，对内容没有进行严格挑选或者纯属即兴发挥，使得教学案例的方法发挥不出它应有的效果。第二，针对性差。在思政课案例教学过程中存在针对性不强的现象，没有根据教学对象的实际情况，例如教学层次、专业等进行设计，往往是"一个案例走天下"。案例的针对性越强，影响就越大，效果就更凸显，容易给学生留下深刻印象。例如，习近平总书记提到的"我为什么对焦裕禄那么一往情深，就是因为我在上初中一年级时，当时宣传焦裕禄的事迹，我的政治课老师在讲述焦裕禄的事迹时数度哽咽，一度讲不下去了，捂着眼睛抽泣，特别是讲到焦裕禄肝癌最严重时把藤椅给顶破了，我听了很受震撼"[2]。这说明了案例教学的时效性、针对性增强了教师与学生的情感共鸣，使案例教学的效果更加明显、有效。第三，主次颠倒。教学案例应该是服务于教学内容的，在教学过程中加入案例是为了解释说明

---

[1] 郑金洲：《案例教学指南》，华东师范大学出版社2000年版，第1页。
[2] 习近平：《思政课是落实立德树人根本任务的关键课程》，人民出版社2020年版，第13页。

概念，使抽象的概念更加容易理解。案例教学还可使理论联系实际，令教学内容能够紧密联系社会实际，教会学生在现实生活中如何运用所学到的知识去解决实际问题，进而提高学生的整体素质。但是，在案例教学过程中，若教师抛开教学大纲，引用大量案例，则会导致正常的教学内容受到干扰，影响教学目标的达成。

第三节　制约数字技术与思政课深度融合的因素

第一，组织因素，数字理念认识不足。习近平总书记指出："办好教育事业，家庭、学校、政府、社会都有责任。"[①]从职能部门到一线教师、学生缺乏对数字技术应用的重视，缺乏数字化时代该形成的、系统的育人意识。学生是生活在成长在数字化的时代的，数字化体现在其生活的方方面面，不能结合学生数字化的实际往往导致思政课教学没有活力，是干巴巴的。办好思想政治理论课需要形成整体合力，要想让数字技术在思政课教学过程中发挥作用，更加需要多方的协同努力。第二，机制因素，数字素养参差不齐。在数字化时代，要想在广阔的数字资源中梳理出思政教学资源，需要教师具有过硬的数字素养。尽管我国的数字化转型颇有成效，但是在思政教学、研究过程中，思政课教师往往还伴有着对数字资源不会用、不敢用甚至是排斥的心理，教学内容陈旧、单一。或者是对教学工具和数字化教学资源的简单应用，浮于表面，再或者未能深入使用服务于思政课内容的数字技术，只注重于"炫技"形式，内容主导性大大下降，这些都制约了数字技术与思政课的深度融合。缺乏良好的数字素养，就不能使用好数字技术，无法合理掌握数字资源，难以让数字技术为思政课进行赋能，也就无从谈起进行符合学生特点的教学方式方法的创新。第三，技术因素，数字资源整合利用不够。数字化时代，思政课转型，数字信息资源不断被思政课应用。但是，数据信息往往呈现时效化、碎片化、私

---

① 新华社：《坚持中国特色社会主义教育发展道路　培养德智体美劳全面发展的社会主义建设者和接班人》，《人民日报》2018年9月11日。

有化。一方面，数字信息处在动态过程中，时效化导致其难以捕捉，学生对某一信息的收集整理与教师端往往呈现"时差感"，同时数据"碎片化"的存在状态，使得丰富的数据资源难以整合成为思政课上的单元内容，或者转化过后多而不精、广而不深，教学理论内容无法深刻。另一方面，数据信息往往带有私有化的标签，使思政资源无法呈现大平台，不能贯通，缺乏数据的完整性、准确性。

第四章 推动内蒙古高校思政课改革"教育教学方式方法适应"的优化路径

针对上述存在的问题及原因,应从讲深刻讲深入马克思主义道理、讲透彻讲明白马克思主义道理、讲鲜活讲生动马克思主义道理、数字化赋能"大思政课"建设四方面着力,进一步推动内蒙古高校思政课教学方法增强适应性,使教师讲出来的道理学生听起来更深、更透、更活。

第一节 讲深刻讲深入马克思主义道理

一、深学理论

首先,系统学习马克思主义理论。一是明确学习马克思主义理论的核心目标,即思政课教师要深入理解其基本原理、立场、观点和方法,尤其要聚焦于马克思主义中国化的最新成果。同时,需构建一套系统的学习框架,该框架应涵盖马克思主义哲学、政治经济学和科学社会主义这三大核心组成部分。在学习过程中,应将其划分为若干阶段,每个阶段均设定明确的学习目标和任务,以确保学习过程的逐步深入与循序渐进。

其次,深入研读经典著作和文献。一是要确立明确的研读目标。思政课教师应当依据教学实际需求以及个人的研究兴趣,精准定位需要深入探究的经典著作及文献资料。这些资料可涵盖马克思主义的经典理论著作,亦可包括相关的学术专著、期刊论文等。二是应采取精读与泛读相结合的方式,并注重文献的背景分析。对于文献中的关键章节、核心观点及重要论述,思政课教师应进行深入细致的精读,通过仔细揣摩作者的写作意图、论证逻辑及结论，以实现对文献精髓和内涵的深刻理解。而对于文献的其他部分，则可采取泛读的方式，快速浏览以获取整体印象及主要观点，此举有助于思政课教师从宏观上把握著作的结构与脉络，为后续的精读提供坚实的背景支撑。此外，思政课教师在研读过程中，还应高度关注文献的写作背景、历史语境及文化背景，这有助于思政课教师更加准确地把握文献中的观点与论述。

最后，及时关注学术前沿与动态。一是充分利用学术资源平台。思政课教师要关注国内外知名的思想政治教育领域学术期刊，如《马克思主义研究》与《高校理论战线》等，同时定期利用学术数据库进行检索，以便及时掌握最新的学术论文和研究成果。此外，还可以积极参加与思想政治教育相关的学术会议、研讨会和论坛，这些活动往往邀请该领域的专家学者进行报告和交流，是获取学术前沿信息的重要途径。二是密切关注权威机构与专家的动态。思政课教师应紧密关注教育部及思想政治工作司发布的政策文件、通知公告及最新动态，这些通常反映了国家对思想政治教育工作的最新要求和导向。同时，也应关注知名专家学者的个人社交媒体账号，他们通常会分享自己的研究成果、学术观点和前沿思考，这些也有助于思政课教师深入了解该领域的最新动态和发展趋势。

二、深悟教材

首先，系统阅读并分析结构。一是思政课教师可以对教材的时代背景和教育功能进行研究，即在深入研读教材编写的时代背景的同时，细致剖析其所映射的社会、经济及政治等现实境况。这一过程旨在全面理解教材内容所根植的社会环境，进而把握其深层含义。同时，思政课教师要明确教材所承载的教育功能，即它旨在通过教学内容与方法的精心设计，着重培养学生的特定素养与能力。这些素养与能力包括但不限于知识掌握、思维发展、道德品质、社会责任感及创新能力等，以全面促进学生的综合素质提升。二是思政课教师应分析教材的框架结构。思政课教师在浏览教材的目录时，应细致梳理各单元与章节之间的内在逻辑关联，并进一步深入剖析教材的编排体系，验证其是否严格遵循了由基础至进阶、由浅显至深入的循序渐进原则。在此基础上，思政课教师要明确教材的核心内容与关键议题，从而构建对教材整体框架的全面的认知。

其次，细致解读并深入挖掘。一是思政课教师应细致分析教材中的思政元素。在教学过程中，思政课教师需从教材中精心提炼出思政元素，如价值观、道德观及政治观等核心内容，以明确其蕴含的教育意义与价值导向。同时深入挖掘教材中的经典案例、动人故事及杰出人物等，通过细致剖析其背后的思政内涵，来增强教学过程的吸引力与感染力，进而提升教学效果。二是思政课教师要探索教材的思想深度。思政课教师应当对教材中阐述的核心观点与理论问题进行深入思考，以充分理解其背后所蕴含的逻辑关联与理论依据。同时，思政课教师还需密切关注教材针对现实问题所做出的分析与解答，以深刻理解其展现出的思想深度与广度。

最后，从不同角度研读教材。一是思政课教师可以从教材编者和教学者的视角深入剖析教材。思政课教师应积极尝试站在编者的立场，深入理解教材的编排逻辑、教学核心要点及潜在难点，以确保对教材核心内容及教学要求有更为精准的把握。在此基础上，思政课教师应结合自身的教学经验及学生实际状况，精心策划并设计科学合理的教学方案，涵盖教学方法的优选、教学流程的周密安排以及教学资源的有效整合等多个方面。二是思政课教师可以从学生视角出发，深入解读教材。思政课教师应模拟学生角色，细致阅读教材，深入体会学生在学习过程中可能遇到的困惑与难点。此举旨在帮助思政课教师在教学实施过程中，更为精准地预判并解答学生可能提出的问题，从而进一步提升思政课教学的针对性与实效性。

三、深究学生

首先，课堂观察与互动。一是思政课教师在课堂上要认真观察学生。思政课教师应当注意观察学生在课堂中的表现，如参与讨论的活跃度、举手发言的频率等，以此作为评估学生参与度与兴趣点的重要依据。同时思政课教师还需细致观察学生是否全神贯注地听讲，是否紧跟教师的思维脉络进行深入思考，以及是否存在分心或注意力不集中的情况。此外，思政课教师应保持对学生情绪变化的敏感度，细致观察学生是否展现出兴奋、困惑或疲惫等情绪状态，以便及时调整教学策略，确保教学效果。二是思政课教师应在课堂上采取多种方式与学生进行互动。思政课教师可以在课前精心准备与课程内容紧密相关的问题，引导学生积极参与讨论。通过此种方式，思政课教师可以激发学生对课程内容的兴趣，并培养他们的思考能力，从而加深学生对课程内容的理解。同时，在教学过程中，思政课教师可以根据学生的学习水平和兴趣特点，将学生科学合理地划分为若干小组，并为每个小组分配具体明确的学习任务或问题，鼓励学生之间展开紧密合作，共同寻求解决方案。

其次，课后交流与谈心。一是思政课教师可定期组织座谈会。座谈会可以邀请学生代表或者全体学生参与，围绕特定主题进行深入交流与探讨。在此过程中，思政课教师应扮演引导者与倾听者的角色，积极鼓励学生勇于表达个人见解与情感体验。同时针对个别学生所遭遇的难题或困惑，思政课教师可主动与其进行一对一的深入谈心，认真倾听学生的心声，并基于实际情况，提供积极、实用的建议与帮助。二是思政课教师要提升自己的谈心技巧和效果。思政课教师应立足于学生立场，深入剖析其内心世界，理解其感受与疑惑。在交流互动中，思政课教师应给予学生充裕的时间，以充分表达个人见解与情感。同时，通过点头、微笑等，向学生传递出关注与尊重的明确信号。对于学生的表达，教师应给予积极正面的反馈与认可，激发其继续分享的欲望与信心。

最后，及时反馈与评估。一是思政课教师要设立明确的反馈标准。思政课教师应当设立清晰且具体的学习目标与评价标准，使学生清楚地了解自身应达到的学习层次。这些标准应全面覆盖知识掌握、思维能力培养及情感态度塑造等多个方面，以确保对学生学习成效的反馈既具有针对性又富有实效性。二是思政课教师应鼓励学生进行自我反思与评估。思政课教师应当引导学生养成记录学习历程与感受的习惯，并定期进行自我审视与反思。这一过程有助于学生更深入地认知自身的优势与短板，进而规划出更加贴合实际的学习策略。为此，思政课教师可设计一套科学的自我评价体系表格，鼓励学生依据自身学习状况进行客观评估。思政课教师则可根据学生的自我评估结果，提供更具针对性的指导与建议，以促进学生全面发展。

第二节 讲透彻讲明白马克思主义道理

一、寓理于例

首先，精选案例。一是案例需具备时代性与代表性。思政课教师所选的案例要紧密贴合时代特征，能够映射当前社会的热点与难点议题，同时确保案例的广泛代表性，以体现马克思主义理论的真理性和深刻指导意义。二是案例必须确保真实性并贴近学生生活。思政课教师在准备案例时，要保证案例内容的真实性和准确性，因为真实的案例往往更具说服力，能够更有效地加深学生对马克思主义理论的理解与认同。同时，在案例的选择上，思政课教师应尽量挑选与学生生活实际紧密相关的内容，如校园内常见的现象、当前社会关注的热点话题以及广泛存在的文化现象等。这样的案例不仅易于引起学生的共鸣，还能促使他们将马克思主义理论与自身经历相结合，从而增强学习的主动性和积极性。

其次，案例分析与讨论。一是在课堂上思政课教师要对案例进行深入分析。思政课教师可采用讲解与多媒体展示等教学手段，向学生展示具体案例。随后思政课教师应引领学生系统地分析案例，引导他们准确识别案例中的核心要素、矛盾焦点及未来走向。在深入分析的过程中，思政课教师要融入马克思主义理论的基本概念、基本原理以及方法论等内容，从而促进学生将理论知识与实际案例相结合，达到理论与实践相统一的教学目的。二是思政课教师要鼓励学生进行交流讨论。在案例分析完成后，思政课教师应当组织学生进行小组讨论或全班范围内的深入研讨。在此过程中，思政课教师要积极鼓励学生踊跃发言，分享个人独到的见解与观点，同时倡导学生尊重并倾听他人的意见，以促进思维的碰撞与深度交流。在讨论环节，思政课教师应扮演好引导者的角色，及时纠正学生的误解与偏差，并进一步深化学生对马克思主义理论的理解与掌握。

最后，案例总结与反馈。一是思政课教师要对案例分析进行总结归纳。在讨论圆满结束之后，思政课教师应当进行总结与点评，对案例分析的精髓与核心要点进行精准归纳，并着重强调马克思主义理论在应对实际问题时所发挥的关键性指导作用。此外，思政课教师还应积极引导学生将课堂所学之理论灵活运用到日常生活与学习的实践中去，以此促进学生理论素养与实践能力的双重提升。二是思政课教师要根据反馈及时调整。思政课教师要积极收集并汇总学生的反馈意见，以便全面把握学生对于案例分析与讨论教学方法的接受程度及其实际效果。基于学生的反馈意见与教学效果的评估结果，思政课教师应不断进行自我反思，并适时调整和优化教学策略，进一步提升教学质量与效果。

二、理论对症

首先，精准把握学生需求。一是思政课教师要深入了解学生背景。思政课教师应当深入剖析各年龄段学生的心理、认知及行为特性，必须密切关注学生的心理发展轨迹、认知能力的演变以及行为模式的形成。同时，思政课教师不可忽视学生所处的多元环境对其成长产生的深远影响。家庭背景作为学生成长的摇篮，会在无形中塑造学生的性格与价值观。此外，学生的社交圈也是不容忽视的一环。在与同龄人的互动中，学生会逐渐形成自己的社交观念与行为准则，这些都是思政课教师需要深入了解的方面。二是思政课教师要关注学生的兴趣与关注点。为了在教学中融入更贴近学生兴趣的内容，提升课程的吸引力，思政课教师应当采取日常交流、问卷调查、社交媒体等多种渠道，深入了解学生的兴趣爱好。同时，思政课教师也要密切关注学生在课堂内外所展现的困惑、疑问及关注点，这些往往是思政课教师需要对学生进行引导的重要方面。

其次，科学选择理论内容。一是要紧扣教学大纲与课程目标。思政课教师应当全面、深刻地理解教学大纲，清晰界定课程的主要教学目标与任务，并以此作为选取理论内容的坚实基础。在筛选理论内容时，务必聚焦于重点、难点与关键点，确保学生能够牢固掌握课程的核心知识体系与基本价值观念。二是要紧密结合时代热点。在学术研究与教学实践中，思政课教师应当致力于将马克思主义理论与当前国内外形势及社会热点问题深度融合，旨在让理论内容焕发新的生机与活力，并增强其说服力。思政课教师可以通过深入分析社会现象、细致解读政策文件等多元手段，引导学生秉持马克思主义的立场、观点与方法，系统分析并有效解决各类问题。

最后，注重理论与实践结合。一是要明确教学目标并设计实践活动。思政课教师应当清晰界定每门课程或教学单元的理论教学目标，并准确识别出哪些理论知识能够借助实践手段得到深化理解。在课程设计过程中，确保理论教学与实践活动之间存在明确且相互补充的关系，以实现两者之间的良性互动与相互促进。之后思政课教师应当基于理论教学内容，精心设计与之紧密相关的实践活动。这些活动形式可以包括实验室实验、案例分析、模拟演练、项目作业、实地考察以及社会调查等，通过多样化的实践方式，增强学生的实际操作能力和问题解决能力。二是理论引导与实践相结合。在正式开展实践活动之前，思政课教师要通过系统化的讲解、深入的讨论或直观的演示等手段，向学生全面阐述相关的理论背景、基本原理及实践方法，为学生奠定坚实的理论基础，为后续的实践操作提供指导。在实践活动的进行过程中，思政课教师要积极引导学生将所学的理论知识应用于实际操作中，并指导他们进行细致的数据分析和结果解读。通过这样的方式，帮助学生深刻理解理论与实践之间的紧密联系，提高学生的实践能力和理论素养。

第三节　讲鲜活讲生动马克思主义道理

一、激活理论创新使命感

首先，激发创新思维，培养学生的创新意识。一是激发学生的创新思维。思政课教师要积极鼓励学生树立质疑精神，勇于探索未知领域，以培养其创新精神与创新意识。通过引导学生深入分析现实问题，并鼓励他们提出切实可行的解决方案，锻炼学生的创新思维与问题解决能力。二是为学生提供创新平台。高校可设立创新实验室、创新基金等平台，旨在为学生提供展示其创新成果的机会及必要的资源支持。此外，思政课教师也应当鼓励学生积极参与各类创新竞赛与科研项目，通过此类活动，积累创新经验并提升实践能力。

其次，强化价值引领，培养学生的使命感。一是加强爱国主义教育。思政课教师首先务必深刻理解并明确爱国主义的本质，即爱国、爱党与爱社会主义三者的高度统一。在教学过程中，思政课教师可以通过阐述中国历史、革命传统以及民族精神等核心内容，激发学生的爱国情感和民族自豪感。以此让学生深刻认识到，作为中国特色社会主义事业的继承者，他们肩负着为国家繁荣富强贡献自身力量的重要使命。二是弘扬社会主义核心价值观。作为思政课教师首先自己要全面、准确且深刻地把握社会主义核心价值观的核心要义、精神内涵及其实践指向。在思政课的教学过程中，自然而然地将社会主义核心价值观融入其中，无论是深入剖析理论、细致分析案例，还是精心组织实践活动，都可以围绕社会主义核心价值观这一主题展开。以此来引导学生树立正确的世界观、人生观及价值观，培养其深厚的社会责任感与使命感，使之深刻理解并认同，作为新时代的青年，应当勇于担当起推动理论创新、服务国家发展的历史重任。

最后，树立榜样示范，激励学生前行。一是表彰优秀学生。针对在理论创新领域展现卓越成就的学生，思政课教师应当予以正式表彰及相应奖励，旨在树立榜样，发挥示范引领作用。这样可以让其他学生能够亲眼见证身边的成功典范，明确学习方向，从而激发他们的创新激情与内在动力。二是举办专家讲座及结合亲身经历。高校可以邀请在理论创新领域具有卓越贡献的专家与学者举办讲座并进行交流，和学生分享他们的创新智慧与心路历程。通过专家的亲自传授与榜样引领，来激励广大学生不断追求卓越，勇于攀登科学高峰。思政课教师也可以在课程中适当分享个人的成长经历与职业发展历程中那些能够彰显社会主义核心价值观的生动案例。这些真实而具体的经历，更能使学生们深刻感受到价值观的力量，进而激发他们的共鸣与追求。

二、采取亲和语言讲道理

首先，使用亲切友好的表达方式。一是思政课教师要注意自己的面部表情与肢体语言。思政课教师在授课过程中，以微笑的面容呈现，能够有效促使学生感受到亲切与轻松的氛围，从而拉近师生之间的心理距离，构建出和谐的课堂环境。在运用手势时，思政课教师应注意如倾向于使用手掌而非手指等细节，这样能够传递出对学生的尊重与肯定，进一步增强亲和力。此外，在与学生的交流互动中，思政课教师应将身体微微向学生倾斜，以此展现出对学生的深切关注与尊重。二是思政课教师要注意自己的课堂语言。思政课教师可以运用比喻或类比等手法，将复杂抽象的概念或原理与学生所熟知的事物相联系，以更直观、形象的方式展现，从而促进学生对其的理解和掌握。此外，适度的幽默也可以作为一种教学手段，用于缓解课堂氛围，减轻学生的心理压力，思政课教师可通过适度幽默帮助学生保持轻松愉悦的学习状态，进而更加专注于课堂内容的学习。

其次，注重语言技巧。一是思政课教师要注意自己的语速和语调等。思政课教师应当依据课堂内容的复杂程度以及学生的理解能力，适时地调整语速，以确保每位学生都能紧跟并全面理解所讲解的内容。既要避免语速过快，导致学生难以跟上，进而影响其理解；也要防止语速过慢，以免学生感到乏味，进而失去学习兴趣。同时，思政课教师也要合理运用语调的起伏变化，来增强语言的吸引力和感染力，吸引学生的注意力。如在讲解课程中的重点、难点时，思政课教师应当适当提高语调或加重语气，以凸显其重要性，帮助学生更好地理解和掌握。二是思政课教师要运用好"五种话语"。思政课教师在教学实践中，应依据教学需求，合理并恰当地运用包括政治话语、时代话语、学术话语、生活话语以及网络话语在内的"五种话语"体系。通过灵活切换与整合这些话语形式，使课程内容更加紧密贴合学生的实际生活体验与社会现实状况，从而有效增强课程的针对性与吸引力。

最后，采取积极正面的语言。一是思政课教师要及时给予学生正面反馈。当学生表现出色，如在回答问题时展现出卓越的能力或提出独特的见解，思政课教师应当迅速且恰当地给予正面反馈，这样的鼓励对于增强学生的自信心和成就感具有显著作用。面对学生的疑惑或错误回答，思政课教师应秉持积极引导的原则，避免直接否定，而是通过激励性的语言激发学生的思考潜力，进一步培养学生的探索精神和创新思维。二是思政课教师要采取多样化的激励语言。在评价学生时，思政课教师应避免采用泛泛而谈的表扬词汇，而应依据学生的具体表现，创造性地运用新颖词汇，以体现评价的独特性和针对性。同时，为了增强鼓励的实效性和感染力，思政课教师还可以结合具体的事例进行阐述，以此来激发学生的斗志，并引导他们树立正确的价值观和人生观。

第四节 数字赋能"大思政课"建设

一、建设数字平台推动"大思政课"的资源共享

首先，整合优质教学资源。一是建立"资源库"。高校可以全面挖掘并利用学校内部所蕴含的思想政治教育资源，如丰富的校史、鲜明的校训以及深厚的校园文化等，以此为基础，精心打造具备鲜明学校特色的"大思政课"教学素材。此外还可以通过购买、下载、合作等多种途径，积极引进外部高质量的思政教育资源，如权威教材、典型案例库、视频教学资料等，以丰富和完善"大思政课"教育资源库。二是整合教学资源。在优质教学资源收集完毕后，高校应组织专业团

队进行整理、分类、编码，并统一入库管理，从而构建起一个系统化、规范化的资源体系。同时，为确保资源的时效性和准确性，高校应当建立健全资源更新和维护机制，定期进行内容的更新和审核。

其次，推动资源共享共建。一是搭建平台，促进资源共享共建。高校可以通过运用现代信息技术的手段构建一个集资源的上传、下载、浏览、检索等多种功能于一体的思政课教学资源平台，从而为广大思政课教师及学生群体提供便捷、高效的资源获取与使用途径。同时，高校还可以结合线上平台与线下活动的双重优势，推动思政课教学资源的共享与交流。二是加强师资培训与交流。高校可以定期组织思政课教师培训活动，邀请知名专家学者进行专题讲座与经验交流，来提升思政课教师的专业素养及教学能力。同时也应当积极加强与其他高校的沟通与合作，共同探索思政课教学资源共享与共建的有效途径，以实现优势互补，促进双方的共同发展。

最后，优化资源供给服务。一是要提升资源供给质量。"大思政课"的资源供给应当聚焦于党的最新理论成果、国家重大战略部署以及时事热点等。在此过程中，要确保资源内容的科学性、权威性与时代性，致力于向学生传授准确且前沿的知识与观念，并针对不同学生群体的特性与需求，提供差异化的教学资源，以满足其个性化学习的需求。为确保所有教学资源的准确性与权威性，应当建立严格的资源审核机制，对资源进行精心筛选与严格把关。二是要强化资源供给的可持续性。要制定"大思政课"教学资源供给的长效机制，确保资源的稳定供给和可持续发展。为确保"大思政课"教学资源能够得到充分、持续的开发、更新和维护，应当积极争取政府部门的长期财政支持和政策引导，以保障经费的稳定性。同时，高校方面应将思政课教学资源建设纳入学校整体发展规划中，并设立专项经费，以确保资源供给的可持续性和稳定性。这样的措施将有力促进思政课教学的不断发展与完善。

二、借助数字工具促进"大思政课"的师生互动

首先，借助在线教学平台。一是思政课教师熟悉平台并精心规划

课程。思政课教师在进行教学准备时，首先要挑选适宜的在线教学平台，如慕课（MOOCs）平台、学习管理系统（LMS）及视频会议软件等，并需全面掌握平台的各项功能，如课程构建、资源管理、学生信息维护及互动沟通等。同时思政课教师要依据既定的教学目标与核心内容，细致规划课程大纲、教学进度安排及学生学习路径图。借助平台提供的丰富工具，将课程内容进行系统化、数字化的转化，以确保学生能够借助平台获得全面且连贯的学习资源，进而实现高效学习。二是思政课教师要充分利用平台的互动设置。在线教学平台的一项显著优势就是能够跨越传统课堂的时空界限，实现师生间的高效即时互动。思政课教师可运用数字平台，通过设立讨论专区、开展在线问答活动以及组织小组协作等多元化的互动方式，积极引导学生投身于课堂讨论之中，鼓励他们自由表达个人观点与见解。

其次，使用智能教学辅助工具。一是思政课教师可以通过大数据分析学生的学情。通过利用智能教学辅助工具，思政课教师能够系统地收集并分析学生在学习过程中的行为数据，这些数据包括学生观看教学视频的时长、解答习题的正确率以及参与课堂讨论的活跃度等关键指标。凭借这些详尽的数据，思政课教师能够更为精准地把握每位学生的学习状态及个性化需求。在此基础上，思政课教师可以灵活地调整教学策略，为学生量身定制学习资源和指导方案，从而更有效地促进学生对知识的深入理解和掌握。二是思政课教师可以使用智能化教学辅助工具。思政课教师可以运用智能助教及自动批改系统等辅助工具，来强化学生对知识点的记忆与理解。同时，思政课教师还可以使用智能思维导图等工具，协助学生将纷繁复杂的知识点进行系统化整理与归纳，构建出条理清晰的知识体系，从而提升教学质量与效果。

最后，丰富社交媒体与社群学习。一是思政课教师要明确社群学习目的并制定规则。思政课教师可于微博、微信、QQ等社交媒体平台设立官方账号或群组，以之作为课程信息发布与学生互动交流的官方渠道，以此来促进"大思政课"知识的广泛传播、深入交流与积极分享，进而强化学生的思想政治素养与综合能力。为了确保社群运作有序，思政课教师应设立详尽明确的社群规章制度，内容涵盖交流议题的界定、发言行为的礼仪规范、作业提交的具体要求等，以保障社群环境的健康与和谐。二是思政课教师要高效利用社群学习。在社群环境中，思政课教师应定期安排讨论活动，这些活动需紧密围绕课程内容或当前社会热点议题，以促进深入的交流与探讨，鼓励学生积极发表个人见解与观点，以丰富讨论内容。对于学生在社群内提出的问题，思政课教师应给予及时的反馈与解答，旨在消除学生的疑惑，辅助其更有效地掌握并理解课程内容。此外，思政课教师还可以倡导学生分享个人的学习心得、体会及感悟，来促进学生之间的相互学习与成长。

三、运用数字虚拟创新"大思政课"的场景再造

首先，完善技术支撑。一是智慧教室与 5G 技术。通过智慧教室内安装的互动设备，如触控黑板、电子投票系统以及即时反馈系统等先进技术手段，思政课教师能够即时获取学生的学习反馈，并据此灵活调整教学策略。借助 5G 技术的高带宽和低延迟特性，高清视频直播教学得以实现。学生群体能够不受时间和空间的约束，随时随地观看思政课程的直播内容或回放记录，从而有效打破传统教学的时空界限。思政课教师可利用此技术平台，邀请校外专家学者进行远程授课或讲座，以此拓宽学生的知识视野，并进一步提升"大思政课"的教学质量和水准。二是虚拟仿真与全息投影。虚拟仿真技术可作为课堂互动的有效媒介，借助该技术构建的虚拟仿真系统，学生不仅能够积极参与课堂讨论与角色扮演等活动，还能实现与同学间的实时互动。全息投影技术能够实现场景和事件的立体显示，提供身临其境的感受。在"大思政课"中，思政课教师可以利用全息投影技术重现重要历史场景、展示社会现象等，使学生更加直观地了解和感受课程内容。

其次，场景再造与教学设计。一是现实场景的虚拟呈现。思政课教师可以采用数字技术对革命旧址、历史纪念展馆及博物馆等场所进行精确建模与虚拟再现。学生群体得以在教室环境中，借助 VR 眼镜等高科技设备，仿佛置身于这些历史场景之中，实现"云参观"的便捷体验，同时开展"云课堂"学习及"云互动"交流。针对某些无法通过 VR 全景拍摄完整展现的历史事件与革命遗迹，思政课教师可借

助数字修复、三维建模及虚拟人等先进技术手段，进行精确还原与再现。二是场景化教学设计。思政课教师要根据教学内容和目标，设计具体的虚拟教学场景。思政课教师可以通过运用数字技术，构建高度仿真的情境与场景，为学生提供一个沉浸式的学习与实践平台。

最后，革新教学模式。一是沉浸式教学。思政课教师可以借助虚拟现实等先进技术手段，构建一个沉浸式的教育环境。在此环境中，学生得以在虚拟场景中自由遨游、积极互动，从而提升其学习过程的参与度和体验感。同时，思政课教师还可通过精心设计的任务与挑战，激发学生的深入思考与广泛讨论，进而有效培养他们的批判性思维能力和解决实际问题的能力。二是角色扮演式教学。在教学过程中，思政课教师可以创新性地融合数字虚拟技术，将丰富的社会案例、历史事件等素材生动地引入"大思政课"的课堂。通过系统的案例分析及角色扮演等互动教学方法，思政课教师可积极引导学生深入剖析案例中的核心问题与社会现象，从而有效提升学生的分析思维与解决实际问题的能力。

参考文献

1. 蔡文璞，祝小宁.沉浸式教学助力高校思政课改革[J].学校党建与思想教育，2022（8）：56-58.
2. 曹奕.人才培养与高校思政课教学模式改革探究[J].江苏高教，2018（9）：103-106.
3. 陈娟.让思政课成为一门有温度的课[N/OL].光明日报，2024-3-12（8）[2024-6-18].https://news.gmw.cn/2024-03/12/content_37198121.htm.
4. 邓验，贺茶湘.高校思政课有效教学：要素构成、问题剖析与完善路径[J].大学教育科学，2023（6）：52-63.
5. 丁晓东，子华明.深化高校思政课教学改革的三个触动点[J].思想政治教育研究，2020（4）：94-97.
6. 傅江浩，赵浦帆.高校思政课教学媒体技术融合改革创新[J].湖北社会科学，2019（12）：180-184.
7. 胡锦涛.在全国宣传思想工作会议上的讲话[N].人民日报，2003-12-8（1）.
8. 贾晋霞.思政课"问题导向"的马克思主义理论来源探究[J].山西经济管理干部学院学报，2023（4）：67-71.
9. 江大伟，张煜.新时代高校本硕博思政课教学有机衔接的内在逻辑与发展路径[J].高校马克思主义理论研究，2024（1）：175-182.
10. 教育部.教育部关于印发《高等学校思想政治理论课建设标准（2021年本）》的通知，教社科〔2021〕2号[EB/OL].[2024-6-13].https://www.gov.cn/zhengce/zhengceku/2021-12/18/content_5661767.htm.
11. 教育部等十部门.教育部等十部门关于印发《全面推进"大思政课"建设的工作方案》的通知，教社科〔2022〕3号[EB/OL].2022-

8-10[2024-5-25]. http://www.moe.gov.cn/srcsite/A13/moe_772/202208/t20220818_653672.html.

12. 教育部思想政治工作司.加强和改进大学生思想政治教育重要文献选编[M].北京：知识产权出版社，2015.

13. [德]卡尔•马克思.马克思恩格斯全集(第36卷)[M].中共中央马克思恩格斯列宁斯大林著作编译局，译.北京：人民出版社，2015.

14. 康维铎.思政课教师教学经验提炼的主要路径[J].中学政治教学参考，2021（29）：11-12.

15. 李寒梅.社会主义核心价值观教育内化：高校思政课教学的关键[J].思想理论教育导刊，2021（2）：137-140.

16. 李志凯.以思政教育促进大学生心理健康发展的策略[J].中学政治教学参考，2024（3）：101.

17. 梁英，韦元桃.本硕博思政课教学内容一体化建设的思考[J].学校党建与思想教育，2023（10）：22-24.

18. 刘惠玲.新时代思政课教学话语表达创新[J].中学政治教学参考，2023（23）：52-54.

19. 刘明明，田方晨.新时代高校思政课教学质量提升的阻碍因素及其破解策略[J].思想理论教育导刊，2024（8）：125-133.

20. 龙娅.以人为本指导下大学生思想政治教育方法研究[J].教育现代化，2016（32）：232-234.

21. 梅荣政.对守正创新推动高校思政课建设内涵式发展的领悟[J].思想理论教育导刊，2024（7）：78-82.

22. 冯秀军.坚持思政课建设与党的创新理论武装同步推进[N/OL].光明日报，2024-5-21（15）[2024-10-31].https://epaper.gmw.cn/gmrb/html/2024-05/21/nw.D110000gmrb_20240521_1-15.htm

23. 人民网-人民日报."大思政课"我们要善用之[EB/OL].人民日报，2021-3-7（1）.http://jhsjk.people.cn/article/32044587.

24. 单茹茹.新时代思政课教师政治素养提升的培训体系构建[J].思想政治课教学，2024（2）：81-84.

25. 邵路才，才晓茹.论新时代高职院校思政课教学话语创新[J].

教育与职业，2019（24）：85-88.

26. 舒永久，李林玲.试论整体性视角下高校思政课教学实效问题与路径选择[J].黑龙江高教研究，2019（5）：117-120.

27. 孙绍勇，陈彤.新时代推进高校思政课课程改革的系统思维探赜[J].系统科学学报，2025（1）：111-116.

28. 谭绍江.论思政课教学话语的艺术性构建[J].湖北社会科学，2022（7）：162-168.

29. 滕明政.思政课坚持政治性和学理性相统一的内在机理及实现路径[J].北京教育(德育)，2024（4）：71-75.

30. 田丽，赵婀娜，黄超，吴月.大思政课，总书记心中的一件大事[N].人民日报，2022-5-22（2）.

31. 万林，章国宝，陶杰.基于AHP-CRITIC的电梯安全性评估[J].安全与环境学报，2017（5）：1696-1700.

32. 汪应洛.系统工程（第3版）[M].北京：机械工业出版社，2003.

33. 王恒富，王超.正确价值引领的思政课教学目标设计[J].中学政治教学参考，2021（13）：32-34.

34. 王新燕.运用系统观念加强思想政治理论课教学[J].思想教育研究，2023（6）：94-99.

35. 魏胜.论人本理念与高校思想政治教育[J].社会科学家，2005（3）：189-191.

36. 武星亮.提高思政课质量和水平须着力增强教师的目标意识和能力[J].思想理论教育导刊，2017（9）：37-39.

37. 习近平.高举中国特色社会主义伟大旗帜 为全面建设社会主义现代化国家而团结奋斗——在中国共产党第二十次全国代表大会上的报告，《国务院公报》2022年第30号[EB/OL].2022-10-25[2024-10-31].https://www.gov.cn/gongbao/content/2022/content_5722378.htm.

38. 习近平.思政课是落实立德树人根本任务的关键课程[J/OL].求是，2020（17）[2024-6-13].https://www.ccps.gov.cn/xtt/202008/t20200831_143010.shtml.

39. 习近平. 思政课是落实立德树人根本任务的关键课程[M]. 北京：人民出版社，2020.

40. 习近平. 习近平谈治国理政（第一卷）[M]. 北京：外文出版社，2014.

41. 习近平. 习近平谈治国理政（第二卷）[M]. 北京：外文出版社，2017.

42. 习近平. 习近平谈治国理政（第三卷）[M]. 北京：外文出版社，2020.

43. 习近平. 在北京大学师生座谈会上的讲话[M]. 北京：人民出版社，2018.

44. 新华社. 纪念辛亥革命110周年大会在京隆重举行 习近平发表重要讲话[EB/OL]. 2021-10-9[2024-5-20]. https://www.gov.cn/xinwen/2021-10/09/content_5641632.htm.

45. 新华社. 坚持中国特色社会主义教育发展道路 培养德智体美劳全面发展的社会主义建设者和接班人[N]. 人民日报，2018-9-11（1）.

46. 新华社. 全面贯彻党的教育方针，落实立德树人根本任务[N/OL]. 人民日报，2024-5-12（2）[2024-6-13]. https://politics.people.com.cn/n1/2024/0512/c1001-40234031.html.

47. 新华社. 为党育人 为国育才——以习近平同志为核心的党中央关心学校思想政治工作纪实[EB/OL]. 2021-12-1[2024-6-13]. https://www.gov.cn/xinwen/2021-12/01/content_5655303.htm.

48. 新华社. 习近平：把思想政治工作贯穿教育教学全过程[EB/OL]. 2016-12-8[2024-6-21]. http://www.xinhuanet.com/politics/2016-12/08/c_1120082577.htm.

49. 新华社. 习近平对学校思政课建设作出重要指示强调：不断开创新时代思政教育新局面 努力培养更多让党放心爱国奉献担当民族复兴重任的时代新人[N]. 人民日报，2024-5-12（1）.

50. 新华社. 习近平在内蒙古考察时强调：把握战略定位坚持绿色发展 奋力书写中国式现代化内蒙古新篇章[EB/OL]. 2023-6-8

［2024-5-29］. https://www.gov.cn/yaowen/liebiao/202306/content_6885245.htm.

51. 新华社. 习近平在全国高校思想政治工作会议上强调：把思想政治工作贯穿教育教学全过程 开创我国高等教育事业发展新局面[N/OL]. 人民日报，2016-12-9（1）［2024-6-13］，http://dangjian.people.com.cn/GB/n1/2016/1209/c117092-28936962.html?ivk_sa=1024609w.

52. 新华社. 习近平在中国人民大学考察时强调：坚持党的领导 传承红色基因扎根中国大地 走出一条建设中国特色世界一流大学新路[N]. 人民日报，2022-04-26（1）.

53. 新华社. 习近平在中央党校（国家行政学院）中青年干部培训班开班式上发表重要讲话[EB/OL]. 2020-10-10［2024-5-31］. https://www.gov.cn/xinwen/2020-10/10/content_5550258.htm.

54. 新华社. 习近平主持召开学校思想政治理论课教师座谈会强调：用新时代中国特色社会主义思想铸魂育人贯彻党的教育方针落实立德树人根本任务[N]. 人民日报，2019-3-19（2）.

55. 徐家林. 突破高校"思政课"理论教学话语困境的路径选择[J]. 辽宁教育研究，2008（10）：117-119.

56. 徐建飞，王莹. 新时代高校思政课供给侧结构性改革：意涵、问题与路径[J]. 广西社会科学，2021（2）：169-174.

57. 鄢彬. 社会主义核心价值观融入思政课的意义与策略[J]. 中学政治教学参考，2022（48）：109.

58. 杨湘洪. 构建以学生为主体、培养和提高核心能力为目标的思政课教学新模式[J]. 教育与职业，2013（18）：111-112.

59. 余清清，李晓珏，汪嘉宝，谭晓岚. 高校思政课数字化建设与育人提效研究[J]. 科教文汇，2024（4）：45-48.

60. 岳梅，王旭东. 思政课教师何以提高讲课水平[J]. 中学政治教学参考，2023（36）：86-88.

61. 张炳江. 层次分析法及其应用案例[M]. 北京：电子工业出版社，2014.

62. 张丹琛. 高校思政课教学中的"情景展示"[J]. 北京教育(德

育），2024（3）：73-76.

63. 张丹凤. 数字技术融入思政课教学的现实审思与实践进路[J]. 宁波工程学院学报，2023（4）：97-103.

64. 赵丹. 思政课案例教学的一体化实践[J]. 思想政治课教学，2024（4）：13-15.

65. 赵思琪，许敏，杨文丽. 新媒体时代高校思政课培育大学生文化自信路径研究[J]. 才智，2024（17）：41-44.

66. 赵曜，施晖. 试论高校思政课教学话语体系创新[J]. 学校党建与思想教育，2020（24）：55-56.

67. 郑金洲. 案例教学指南[M]. 上海：华东师范大学出版社，2000.

68.《中共中央关于制定国民经济和社会发展第十四个五年规划和二〇三五年远景目标的建议》编写组. 中共中央关于制定国民经济和社会发展第十四个五年规划和二〇三五年远景目标的建议[M]. 北京：人民出版社，2020.

69. 中共中央宣传部，教育部. 中共中央宣传部 教育部关于印发《新时代学校思想政治理论课改革创新实施方案》的通知，教材〔2020〕6号[EB/OL]. 2020-12-18[2024-6-21]. https://www.gov.cn/zhengce/zhengceku/2021-01/01/content_5576046.htm.

70. 中国青年报. 深入贯彻落实习近平总书记在学校思想政治理论课教师座谈会上的重要讲话精神[N]. 中国青年报，2024-3-19（3）.

71. 中央宣传部，教育部. 中央宣传部 教育部关于印发《普通高校思想政治理论课建设体系创新计划》的通知，教社科〔2015〕2号[EB/OL]. 2015-7-27[2024-4-22]. http://www.moe.gov.cn/srcsite/A13/moe_772/201508/t20150811_199379.html.

72. 周鉴. 基于大学生精神需求的高校思政课供给侧改革研究[J]. 学校党建与思想教育，2021（14）：59-61.

后 记

本著作是内蒙古自治区高校哲学社会科学重大项目"内蒙古高校思政课改革的适应性维度及优化路径"的研究成果。在深入学习习近平总书记关于思政课建设的一系列重要论述后，我们深刻意识到思政课对于落实立德树人根本任务的关键作用。当前，思政课在适应新时代人才培养和社会发展需求方面面临诸多挑战。从课程定位来看，高目标决定了其建设过程必然承受来自内外部的压力；教学内容的政治性特征、知识的交叉，使得教学存在缺乏亲和性、理论深度不足等问题；教师专业素养、知识领域、学科视野无法满足社会与学生对有效供给和高端供给的需要；教学方法若不创新，也难以增强时代感和吸引力，难以激发学生兴趣。研究并解决这些问题，对提升思政教育质量、培养社会主义建设者和接班人意义深远。

课题研究团队主要由笔者的研究生团队构成。在校期间，大家围绕这一主题，从理论构建、内涵诠释、现状调研、评价指标、等级评判、问题研判、因素分析、路径创新等方面不断探索研究，为进一步增强新时代、新阶段高校思政课的适应性提供理论支撑和对策建议。为了实现对研究问题的精准、深入分析，课题研究的主要内容包括适应性改革内涵及要求、评估指标体系构建、评估指标体系应用及评估结果分析等。在理论研究阶段，成员们广泛查阅国内外文献，梳理思政课改革的理论基础，以习近平总书记关于新时代思政课建设的重要论述为根本遵循，聚焦现代化建设、国际国内形势发展、大学生学习成长新需求、高校肩负的五大使命等重大问题，以切实推进新时代思政课改革创新和高质量发展为设计初衷，对增强思政课教育教学理念、教育教学内容、教育教学主体、教育教学方法的适应性等系列问题进行理论建构与内涵阐释，为后续研究筑牢根基。

实践调研过程中，团队克服诸多困难，通过多方沟通、拓展调研途径，依托内蒙古自治区社会主义意识形态研究基地、铸牢中华民族共同体意识培育基地及思政课虚拟仿真体验中心，基于研究框架对内蒙古地区高校思政课适应性改革现状进行针对性调研，最终获取了大量一手资料。基于上述努力，在强化思政课教育教学动因适应、内容适应、实施主体适应、方式方法适应等多重维度的基础上，我们构建了内蒙古高校思政课改革适应性维度评估指标体系，并通过大量实证调查和数据分析，总结了内蒙古高校思政课教育教学中不适应问题的症结及其成因，以此明确"为何而教"、把握"要教什么"、厘清"由谁来教"、揭示"怎么教好"，探寻切实可行的教育教学改革优化路径。这一过程不仅产生了丰硕的研究成果，也极大地锻炼了团队成员的科研能力，为研究生培养模式提供了有益探索。

本研究框架由笔者与李玉璞共同主导设计，调研落实与主体文字撰写则主要由研究生团队承担。具体分工为：李玉璞负责第一、二、三编理论分析、数据分析及书稿校对；杨佳奇参与第四、五编内容的撰写与校对；张帆参与第六、七编内容的撰写与校对。同学们在研究中展现出的科研潜力，让笔者深感欣慰。在本书写作过程中，团队成员精诚合作，共同经历定期讨论、互相辩难、最终统稿的过程，正是他们的精诚协作与无私奉献保证了本书的写作水准。

如今成果即将出版，但我们深知其中尚有诸多不足。虽敝帚自珍，仍衷心期待广大读者与专家不吝赐教，提出宝贵的意见和建议，助力后续研究不断完善。

在此，诚挚感谢内蒙古农业大学马克思主义学院的领导与老师们，在课题研究过程中，你们的思路启发与内容建议为我们指明方向；感谢南开大学出版社对本成果的认可与支持，尤其感谢杨硕编辑在编辑出版过程中的热情指导和辛勤付出；也要感谢邵大力、金辰等同学在课题讨论与材料收集工作中贡献的智慧与力量。

未来，我们将继续深耕思政课改革领域，不负大家的期许，为推动内蒙古高校思政教育发展贡献绵薄之力。

苏双平
2025 年 2 月 17 日